令和時代の

不動産学講義

大阪学院大学
経済学部准教授
相川眞一［著］

創 成 社

はしがき

2019年5月1日、平成から令和に改元された。平成時代の日本は戦争がない良い時代であった。しかしながら、次の4つの点で、大きくつまずいた。

第一に、地震・津波・台風・土砂崩れ等の自然災害、違法建築物等の人的災害が激増し、被害が拡大した。第二に、労働生産性の向上が達成できなかった。第三に、外貨を獲得できるような成長産業を育成できなかった。第四に、就職氷河期の到来等を原因とする非正規労働者の激増で年収格差が増大した。第五に、人口減少・少子高齢化社会の進展の中で既存のまちづくりに不都合が生じてきた。

姉妹書の『ゼロからの不動産学講義』が出版されたとき、幻冬舎さんの「GOLD ONLINE」でご紹介いただいたが、幸い読者の方々から、「不動産学は面白い」というお便りを多数いただいた。

本書は、入門書である『ゼロからの不動産学講義』をベースに、大学で使用する不動産学の応用書としてなるべく面白く執筆したものであるが、右記の平成時代のつまずき、すなわち、**「平成時代からの令和時代への宿題」**を解決する方法論としても記述されている。

《令和時代への宿題》

（1）減災を達成する。
（2）労働生産性を向上させる。
（3）外貨獲得ができる成長産業を育成する。
（4）年収を安定させる。
（5）人口減少・少子高齢化時代のまちづくりを考える。

以上の宿題を、不動産学という実学を駆使した解決策で考えていこう、そして、微力ながら社会貢献できれば…、という精神で、私は日々、大学で講義をしながら書籍を執筆している。本書によって少しでも不動産学に興味を持っていただければ幸いである。

なお、本書は、**不動産鑑定士試験（短答式）の参考書**としての使用も可能である。詳細は、第6章の末を参照していただきたい。

２０１９年９月

相川眞一

目次

第1章　不動産業と不動産学

1．先行研究としての不動産学定義

不動産学の定義づけは公式的になされていない。明海大学不動産学部の初代学部長であり、日本不動産学会会長としても活躍された故・石原舜介元教授は、「不動産学は既存の学問体系から見ると学問とはいい難い面があります。…（中略）…将来は学問として認知されるようになるかも知れません。現段階はそれに向かって努力する時期だと思います」と記述されている。(注1) また、不動産学を開講している（または、開講していた）日本大学大学院・那須大学都市経済学部・近畿大学商経学部でも、明確な定義づけがなされていない。

そこで、私は、『ゼロからの不動産学講義』（拙著・創成社・2017年刊）にて、左記のように、仮の定義づけをした。

（1）基本形

不動産学とは、民法、宅地建物取引業法、租税法その他の不動産に関する行政法規を基礎として、土地建物の知識および不動産実務が縦横無尽に有機的に融合されたものを言う。

（2）発展形

（1）に加え、不動産の証券化・人工知能等の最新知識・技術を導入することにより、防災対策・少子高齢化対策・地方創生・空家対策・景観向上・経済活性化・住みよいまちづくり等の実現を図り、もって国民生活の安定向上ならびに国民経済および地域社会の健全な発展に寄与するものをいう。

本書も、この定義づけに則り、大学の不動産学教科書応用編として記述していく。

2. 終戦後の日本

不動産業は、21世紀の今では、売上高および経常利益ともに、わが国トップレベルの基幹産業に成長した。しかしながら、創成期以降長らくは、「ひどい業界の代名詞」としての評価に甘んじた。私自身、不動産学の研究をしつつ大学院修了数年後の１９８７年以降、30年以上の長きにわたり、宅地建物取引士資格試験および不動産鑑定士試験対策講座の講師として、不動産業界（不動産鑑定評価業界を含む）・金融業界等の多くの方々と密接に関係してきた。不動産業界の制度の変遷を振り返り、国の各種政策が不動産業界にどのような影響を及ぼし、さらに将来的にどのような問題点があるのかを考察したい。

今、世の中で発生していることを分析するには、歴史を辿ることが重要である。終戦直後からの出来事を紐解いて、経済を振り返っていきたい。

１９４５年8月15日、第二次世界大戦が終了した。アメリカ軍の空襲により、４００万戸の住宅が破壊・焼失した。人々は住宅を再築したいと考えた。しかしながら、住宅を建築または購入する資金がなかったのである。さらに、当時は、戦争の空爆によるがれきの処理、戦地から引き上げてくる帰国者で国中ごった返し、住宅不足問題は深刻な事態であった。

１９５０年、政府はようやく重い腰をあげ、住宅金融公庫（現・住宅金融支援機構）を設立した。住宅金融公庫とは、住宅を新築、改築または購入しようとする人に低金利で金銭を貸してくれるところである。

ところで、不動産取引の仲介（あっせん）は、元手が不要で儲かった。そういう状況の下で、悪徳不動産業者がはびこり、手付金詐欺や二重売買が横行することになった。さらに、専門知識や経験がない者が不動産業に参入したため、トラブルが日常茶飯事となった。このような歴史的背景から、不動産業を信頼される産業にしようと、若き国会議員たちが立ち上がったのである。

3. 田中角栄の英断

「衣食住の住を信頼産業にするための法律をつくろう」と、1952年6月25日の第13回通常国会において、**田中角栄**をはじめとする国会議員12名の提出により、議員立法として成立したのが、宅地建物取引業法（法第二百九号）である。(注2) ところで、当初この法律では、**「登録」**を受ければ宅地建物取引業をすることができた。登録は**「免許」**と比較し審査基準が緩く、さらに、当該登録さえ受けずに宅地建物取引業を行う者、または登録をしていても不動産に関する専門知識を有しない者が少なくなく、トラブルが多発した。要は、人生で一番大きな買い物である不動産を、「素人の業者」が担当していたということである。

そこで、1957年の法改正で、次の条文が追加された。

> **宅地建物取引業法第11条の2（取引主任者の設置）**
> 宅地建物取引業者は、その事務所ごとに、**宅地建物取引員試験に合格した者**（以下、「宅地建物取引員」という）であって左の各号に該当しないものを、**専任の取引主任者として、1人以上**置かなければならない。～以下、省略。

まず、ここでの注意点は、「取引主任者」とは、「仕事上の肩書」を表現したと解釈できる。すなわち、この時点で、「宅地建物取引員」および「取引主任者」という2つの用語が存在する。つまり、1957年の段階で、「宅地建物取引主任者」という用語はまだ存在していない。

第11条の3（試験）
都道府県知事は、建設省令で定めるところにより、**宅地建物取引員試験**（以下、「試験」という）を行なわなければならない。

宅地建物取引員試験は、出題数は30問で、1958年から1964年まで7回実施された。第一回（1958年）および第二回（1959年）宅地建物取引員試験の合格率は90%以上で、この頃受験した人の証言によると、「行政側が行う2日間の対策講座を受ければ、十分に合格した」ということであった。

その1959年に、5年後、東京五輪が開催されることが決定された。日本国中歓喜にあふれ、「**もう、戦後ではない**」という言葉が生まれた。五輪に向け、高速道路・国立競技場・橋梁・ビル等のインフラ整備がなされ、「**夢の超特急**」と言われた東海道新幹線が整備された。五輪景気で盛り上がり、不動産業界は好況となった。当然のごとく、宅地建物取引員試験の受験者数はうなぎのぼり、難易度上昇により、民間の専門学校が出現した。1962

年頃に大阪法律ゼミナール、1967年には後に受講者数が数万人に達したと言われる日本不動産学院が設立された。いずれも、東京ではなく、大阪で生まれたというのが興味深い。

不動産業の経済規模が拡大するにつれトラブルが増加したため、東京五輪の年の1964年に、登録制度より厳しい**免許制度が導入**された。また、宅地建物取引員を格上げする形で、**宅地建物取引主任者**となり、試験名は、宅地建物取引主任者資格試験に改称された。さらに、事務所ごとに1名以上の専任の宅地建物取引主任者設置義務が課された。

> **第11条の2（取引主任者の設置）**
> 宅地建物取引業者は、その事務所ごとに、**宅地建物取引主任者資格試験に合格した者**であって次の各号に該当しないものを、**専任の取引主任者として、1人以上置**かなければならない。～以下、省略。

> **第11条の3（試験）**
> 都道府県知事は、建設省令で定めるところにより、**宅地建物取引主任者資格試験**（以下、「試験」という）を行なわなければならない。

この改正より、従来から存在する「**取引主任者**」と「**宅地建物取引主任者（資格試験）**」と**いう2つの用語が条文の中に出てきた**のである。合格者の資質向上のために、誰でも受験できた当該資格試験に、受験資格（高等学校卒業等）が定められた（なお、受験資格は1995年の改正で撤廃された）。

思うに、1964年は日本の転換期、激動の幕開けであった。ところで、地震保険は明治時代から検討されてきたが、短期間で収益を計上したい民間企業では取り扱いにくい保険商品であった。大地震はめったに発生しないが、発生すると異常に巨額の損害となる。国のバックアップが不可欠である。しかしながら、国も及び腰であった。その後、国会の衆議院大蔵委員会で保険業法改正案を審議中に、**新潟地震**（M7・5）が発生した。当時の大蔵大臣は、田中角栄（46）。被災地新潟選出の田中大臣は、「速やかに地震保険等の制度確立を根本的に検討し、天災国というべきわが国の損害保険制度の一層の整備充実を図るべきである」と主張したとされ、保険業法改正可決・地震保険制度創設を達成したのであった。

さて、1959年に東京五輪開催が決定し、わが国は公共事業等の増加に伴い地価が上昇し、健全な地価の形成が困難となり、1963年に**不動産の鑑定評価に関する法律**が制定された。翌1964年には、**不動産鑑定評価基準**が制定され、さらに翌1965年に、第1回**不動産鑑定士試験**がスタートした。五輪不況で一時景気は下降したが、日本万国博覧会開催決定とともに、再び地価は上昇傾向となった。全国的な地価把握のため、1969年に地価公示法が制定され、翌1970年すなわち万博イヤーに地価公示がスタートした。

1980年の改正では、従業者**10名につき1名以上の割合**で専任の宅地建物取引主任者設置義務が課された。

> **第11条の2（取引主任者の設置）**
> 宅地建物取引業者は、その事務所ごとに、その業務に従事する者の数に応じて**建設省令で定める数**の成年者である専任の取引主任者資格試験に合格した者であって次の各号に該当しないものを、**専任の取引主任者として、1人以上**置かなければならない。～以下、省略。

また、受験参考書として、**『これだけ!!宅建』**（中野　元著）が発売され、非公式ながら最盛期には、1年に5万冊以上の売上があったと報道されたほどのベストセラーであった。確かに中野元氏は、東急不動産で五島昇社長の下で力を発揮した実力ある不動産鑑定士であるが、1,000ページというすごいボリュームの本だった。そこで私は、1993年に、たった300ページ余で合格できる**『まるかじり宅建最短合格テキスト』を、故・猿渡千秋先生との共著という形で出版**させていただいた。私の人生最大の恩師であり、今も、先生の「宅建を短期で、楽しく、体系的に学ぶ精神」を常に念頭に置いている。先生が住まわれた横浜市は、私にとって特別の思い入れがある魅力ある都市である。

1985年の**プラザ合意**に基づくインフレ政策が地価・マンション価格高騰に拍車をかけた。日本列島改造論の頃をはるかに上回る空前の不動産ブームとなり、バブルと言われる不動産高騰および不当な不動産取引が横行した。そこで、1987年、宅地建物取引業法が大改正され、**従業者5名につき1名以上**の割合で専任の宅地建物取引主任者設置義務が課された。

4. 諸外国の不動産取引事情

世界に目を向けると、多くの国々で、宅建士（もちろん、名称は国によって異なるが）の制度が設けられている。

(1) アメリカ

セールスパーソン（Real Estate Sales Person）および**ブローカー**（Real Estate Broker License）の2種類があり、前者は日本でいう宅地建物取引士、後者は日本でいう宅地建物取引業者に該当する。日本では宅地建物取引士になるためには試験があり、宅地建物取引業者になるためには試験はない。しかしながら、アメリカでは両方、試験がある。しかも、セールスパーソンは日本人でも決して合格は難しくないと言われているが、ブローカーは相当な難関資格であり、アメリカでは、医師・弁護士・ブローカーが3大資格と言われることも珍しくない。1990年代に**不動産王トランプ氏**の台頭により、世界中にその名が広がるこ

図表1－1　日米不動産資格比較（注3）

	アメリカ	日　本
資格名	セールスパーソン（試験あり） ブローカー（試験あり）	宅地建物取引士（試験あり） 宅地建物取引業者（試験無し）
試　験	州ごとに実施。頻度は州により異なる。	年に1回，全国統一試験
勤務形態	セールスパーソンはブローカーが経営する不動産会社に所属し，**契約社員**扱いで働くことが多い。	宅地建物取引士は宅地建物取引業者に採用され，**正社員**扱いで働くことが多い。
給　与	仲介手数料のみで稼ぐ**変動給**制なので厳しいが，営業能力ある者の給料は青天井。日系不動産会社では，日本式給与体系をとる会社がある。	**固定給** または **固定給 ＋ 変動給** が多い。
女性比率	正確な統計はないが，住宅（レジデンス）担当では70～80%が女性。収益物件（コマーシャル）担当では約40%前後と言われている。「衣食住の住」は女性の感性が重要視されるので，女性進出度はきわめて高い。	日本の不動産業界は，以前は男の世界であったが，2018年度の宅地建物取引士試験合格者の女性比率は30%で増加している。さらなる増加が期待される。
宅建士 設置義務	原則として，**全員**セールスパーソン等である必要があるとされている。	従業者**5名につき1名以上**が，専任の宅地建物取引士である必要がある。

となった。

(2) 中　国

中国では、土地の所有権は国家にあるとされているので、土地の賃借権等の取引がメインとなる。**房地産経紀人**という資格が宅地建物取引士に該当する。

(3) 韓　国

公認仲介士という資格が宅地建物取引士に該当する。この試験は、択一・記述式両方があり、かなりの難関資格だという。

(4) タ　イ

旦那様の転勤でバンコクに在住する元受講生の方の話では、日本の宅地建物取引士に該当する国家資格はないのではないかということである。

以上は、私が現地に行って確認したこと、知人や留学生に伺ったことで記述をしたが、まだまったく不十分である。また、経済成長著しい東南アジア諸国においても、宅地建物取引業および宅地建物取引士の制度が創設されていない国が多い。この分野に関しては、**今**

後の私の研究課題としたい。読者の皆様からの情報提供、ご指導ご鞭撻のほどをお願い申し上げる。

私は、「宅建士こそ、わが国の数ある国家資格中ナンバーワン」と確信している。

注

（注1）『住宅土地経済　1992夏季号』の「不動産学」とは、より。
（注2）『政治家田中角栄』（早坂茂三著・中央公論社）より。
（注3）現地における確認・知人や留学生へのヒアリングにより相川が作成した（まだまだ不完全である）。

第2章 不動産学の効果測定と目標

1. 不動産学の開講

私の専門分野は、**不動産学**（real estate science）である。全国的にめずらしい不動産学の講座を、大阪学院大学にて、2011年より「法学特別講義」「経済学特別講義」の名のもとに開講し、2013年より「不動産取引法」、2016年より「都市経済論A・B」、そして、2017年4月より「不動産学入門A」「不動産学入門B」「不動産鑑定評価理論入門」という3講座の開講に至った。

図表2－1　不動産学関連の講座

講　座　名	開講学部（注1）
不動産取引法（2単位）	法　学　部
不動産学入門A・B（各2単位）	全学部共通科目
不動産鑑定理論入門（2単位）	〃
経済学特別講義D・E（各2単位）	経 済 学 部
都市経済論A・B（各2単位）	〃
専門ゼミナールⅠ・Ⅱ・Ⅲ・Ⅳ（各2単位）	〃

2．2018年問題と大学のあり方

18歳人口は1992年の205万人をピークに減少し、2018年に118万人となり、2031年に99万人になる。他方、大学数は右肩上がりを続け、1980年に446校だった大学は、2016年には約1・7倍の777校に増加した。(注2) 定員割れ大学は私立大学の約4割となり、経営破綻する大学が今後増加すると考えられる。

では、どういう私立大学が生き残るのであろうか。私は、**「学生のスキルを高め、イノベーションを促し、外貨を稼ぐことができる人材を育てることのできる教育機関で、かつ、キャンパス内から活気が溢れる学校」**がよいと考える。

3．わが国における不動産業の位置づけ

1986年に旧建設省が、「不動産業は、わが国を支える**新基幹産業**（new leading industry）へ成長すべきであり、そのためには**信頼産業**（trust industry）としての地位を築かなければならない」という旨の展望をまとめた。(注3) あれから30年余、不動産業はどう成長したのであろうか。

わが国における不動産業の**売上高**および**経常利益**は、図表2－2のようになる。

不動産業は、単に売上高や経常利益が高いというだけではなく、他業界への波及効果が大きい。たとえば、住宅を取得すれば、新品の家具・家電製品・カーテン等を購入する。私自身、それらのものに約150万円支出したが、同じマンションの人で1,000万円以上支出した人もいる。

他方、かつて隆盛を誇った金融業界は、今は労働生産性が高いといえない。たとえば、銀行や証券会社から頻繁に電話がかかる。留守電を聞くと、「新しい金融商品のご紹介でお電話させていただきました」と。そんな電話は無用！お互い時間の無駄である。その点、K書店はスゴイ。**「相川眞一様への耳より情報～来る7月27日に、燃える左腕・江夏豊様のサイン会を開催いたします。…」**とメールが来る。コンビニFもスゴイ。ヨーグルトやビールの新商品が出ると、私のレシートに無料引換券がプリントされる。私の購買履歴をＡＩが分析し、K書店は、「相川眞一の好みは、経済・不動産・歴史・阪神タイガースだ」、コンビニFは、「相川眞一は、ヨーグルトとビールに凝っている」と分析して、**ピンポイントで攻めてくる**。かくして、購入意思決定思考時間約5秒、売主買主とも無駄な時間をカットできる。

図表2－2　不動産業の令和3年度売上高・経常利益（注4）

売上高	48兆5,822億円	全産業の3.4%
経常利益	6兆580億円	全産業の7.2%

以前にK書店新宿南店で、書籍のトーク&サインイベントを開催させていただいたことがある。私のような無名の物書きのトークイベントなど人が集まるはずがないのだが、当日は立ち見が出るほどの集客だった。担当者に伺うと、「宅建・法律のキーワードで顧客情報を検索し、**スマホにメール送信**しました」という。「人間が営業電話をする」のではなく、**「AI」に「ピンポイント」で「メール」させ、労働生産性を向上させたのだ！**

平成時代にわが国を代表する産業に成長した不動産業は、「信頼産業」になったであろうか。アメリカでは、**「医師（doctor）・弁護士（lawyer）・不動産業者（real estate broker person）が三大資格である」**と言われることがある。アメリカにおける不動産業者の社会的地位は高い。日本はどうであろうか。確かに、金儲けができる職業ではあるが、社会的地位が高いとは言えない。なぜか？ それは、**人材育成の違い**である。私は宅地建物取引士資格試験（以下「宅建士試験」という）および不動産鑑定士試験の受験指導を30年近く経験し、欧米人への研修の経験があるが、彼ら曰く「欧米では、不動産学の講座を開講している大学は珍しくないし、試験に合格し入社後も社内研修や自己啓発でスキルアップするのが当然のごとく行われている」そうだ。彼らに「なぜ、そこまで勉強できるのですか？」と聞いたところ、「大学で不動産学の楽しさを知ったからです。日本の宅建士試験の勉強も楽しいです」との返答であった。

私はこれを聞いた時、**「日本の大学でも、不動産学の講義が必要だ。現状では、欧米に勝**

てない」と考えたのである。

4. なぜ、今、不動産学か？

「今後、わが国は人口が減少するから不動産業、特に住宅産業は斜陽産業だ」という意見が少なくないが、人口減少を言い訳にしてはならない。こういう時代は、**「逆転の発想（idea of reversal）」や「ニッチ（niche）な業務」**が決め手である。**不動産学が重要である根拠**を列挙しよう。

（1）高齢化社会におけるまちづくりの達成手段である

かつて20世紀には、郊外にニュータウンができ、若者は都心から移住していった。21世紀になり、若者たちは齢をとり、郊外から買い物または通院が楽な都心にUターンしている。高齢化（aging）および人口減少社会（declining population）においても、「衣・食・住」（food, clothing and housing）は無くならないが、人口が増加していた頃と同じまちづくり（town planning）ではいけない。**コンパクトシティ**（compact city）の発想が重要である。都心の駅を中心に、市役所等の公共施設、ショッピングモール等の商業施設、病院を建築し、そこへ歩いて行ける場所に住宅を建築するのである。当然、車は不要で省エネ・健康増進・

交通事故減少につながる。

（2）地域社会の発展に貢献できる

これからの不動産業は、**一個の建物を造る「ミクロ産業（micro industry）」から街全体をプロデュースする「マクロ産業（macro industry）」へと成長**するであろう。すなわち、街全体の環境（緑地拡大・景観向上・電信柱地中化等）、防災（耐震化・液状化対策・老朽化道路や橋梁の改修等）、省エネ（地域冷暖房等）、防犯対策を、行政の支援の下に行う。実際に私の受講生の方々がそういう業務に多く携わっている。今後さらに増加すると断言したい。公務員（特に、土木・建築・まちづくり関連の部署）の方々で宅建士試験を受験する方が多いのが何よりの証拠である。

また、昨今の大問題である**空家**（vacant house）は、逆に考えれば、空家の活用事業、今後のニッチ産業として伸びしろのある分野である。

（3）外需依存型産業としての成長を後押しできる学問である

今までの不動産業は**内需産業**（domestic demand industry）であったが、これからの時代は**外需産業**（foreign demand industry）としての業務が増加する。日本は人口減少社会であるが、外国では人口が増加している国が多い。日本の建築技術の評価は高く、**諸外国で道**

路・橋・トンネル・ビル・住宅・工場・学校・鉄道施設等のインフラ（infrastructure）**の建設およびメンテナンス等の管理を日本の企業が請け負う「海外プロジェクト」が増加**している。これからの成長産業に育て、**外貨を獲得すべき**である。

（4）不動産学の知識は「全業種で」必要である

たとえば、2014年に、大手受験予備校の**代々木ゼミナールが校舎の7割を閉鎖すること**を発表して注目を集めた。マスコミの中には、「代ゼミは、予備校界の負け組である」と報じたところがある。私は、そうは思わない。少子化による浪人生の激減という**社会情勢の変化に伴う方向転換**であり、さらに、代々木ゼミナールが所有する校舎、すなわち不動産は都心の一等地にあり、不動産学の専門知識を有する者が企画立案し、高級ホテルやオフィスビルに転換すれば、今よりも収益性を大きく高めることができる。

また、**日本郵政**は、2018年4月に不動産専門の子会社「日本郵政不動産株式会社」を設立した。郵便局が保有する宅地建物の管理・運用をこの新会社に集約して効率化を図り、将来の収益の柱とする経営戦略である。郵便事業の先細りを考慮しての英断である。

大手企業の多くは**膨大な不動産を抱えている。**これらをうまく活用できる企業が生き残るのではなかろうか。

さらに、2019年5月、**パナソニックとトヨタ自動車は、住宅事業を統合する**と発表した。２０２０年１月に、**まちづくりを担う新会社「プライム　ライフ　テクノロジーズ」**を共同出資でつくり、**パナソニックホームズ・トヨタホーム・ミサワホーム**等の関連会社を傘下に移管し事業基盤を強化する。**三井物産**も出資を検討している。新会社は、家電や住宅設備に通信機能を持たせる**ＩｏＴ**（モノのインターネット）等の新技術に対応したまちづくりを手掛ける。環境に配慮し、**自動運転車**を導入し、人・モノの移動をスムーズにする**スマートシティ**を実現する。海外のまちづくりも将来的には、視野に入れる。人口減少社会による住宅市場の縮小が、このような新産業を生むのである。

２０１５年度の宅建業法の改正で、「宅地建物取引士は、宅地建物取引業に**関連する業務に従事する者との連携**に努めなければならない」という条文（15条）が追加された。関連する業務とは、建設業・金融業・保険業がメインであるが、さらに、自動車産業・家電産業・貿易商社等が参入してくる。宅地建物取引士の席巻…**全業種を巻き込んで宅地建物取引業の変革の大きなうねり**が押し寄せてくる。オールジャパンで蜂起する時がきた。

（5）地方創生（local creation）を後押しできる学問である

住宅を建築する、ニュータウンをつくる、それだけで地方創生できるか？　おそらく、無理であろう。ならば、近くに、駅・商業施設・公共施設・病院をつくればどうか。ある程度は人口が増加し達成できるであろう。しかしながら、これでは、家計からお金が出ていくばかりである。

そこで、雇用の創造、すなわち、**企業誘致**（investment promotion）である。もちろん、簡単ではない。「これくらいの人口増で、経済効果は○○億円である」と企業に提示し、「企業誘致で、雇用増は○○○人である」と現在・将来の住民に提示する。**住宅建設、企業誘致および雇用創出を並行して進める**のである。そのためには、その地域の**不動産情報（地盤のよしあし・交通量・住民の嗜好・ワケあり物件・いわくつき土地の存在等）をデータベース化し、不動産学の深い知識がある担当者が、住民・企業双方に誠意を持って説明する**必要がある。膨大な不動産情報から有益な情報を抽出する作業は、常に不動産学の勉強・研鑽を積んでいる者だけが可能となる。**不動産学の知識と地元愛、そして、切れ目ない情熱と誠意**が、地方創生を可能にする。

5. 不動産学の目標

（1）災害・地理・歴史・地学・文章読解等の一般教養を身につける。
（2）民法・税法・経済学・都市計画法等の専門知識を身につける。
（3）宅建士試験等に合格できる専門知識を身につける。
（4）わが国の喫緊に解決すべき社会問題である、空家・防災・少子高齢化・相続・人口減少・土地所有者不明問題等を解決するための手段たる基礎学力を身につける。

以上が、**短期目標**（short-term goals）である。

（5）不動産業界で活躍する実務家を招き、「実学」を御教示いただき、ビジネスの世界を知り、企業研究および職業選択を実行する。

（6）就職活動（以下、「就活」という）を有利に展開する。

以上が、**中期目標**（medium-term target）である。

（7）ＯＢ・ＯＧにアンケート調査し、入社後の満足度を分析する。

（8）ＯＢ・ＯＧと在学生との交流を図り、ＯＢ・ＯＧから就職活動の秘訣、ビジネス世界の厳しさ、面白さ・やり甲斐の教示等をしてもらう。

以上が、**中長期目標**（medium-and long-term targets）である。

6．不動産学履修者の動機（2018年4月）

「なぜ不動産学入門Aを履修しましたか？」というアンケートを取った。結果は、左記のとおりである（有効回答数・511名・複数回答可能）。

1位：住宅取得や住宅賃貸の際に、失敗をしないため…351名
2位：面白そうな授業だから……198名

3位：不動産に特に興味はない。単にコマがあいていたから…92名
4位：実家が不動産を多く持っているため…62名
5位：宅建士試験に合格し、大企業に就職したいから…44名

3位の一見どうしようもない（と思える）学生から、宅建士試験に合格し不動産業界で活躍する者が毎年必ず出現するので、人生は面白い。**「磨けば光り輝く原石たる若者」の発掘は、教師冥利**に尽きる。

7．効果測定の方法

不動産学の履修者で、（1）どの程度の成績の者がどの程度の確率で宅建士試験に**合格**し、⬇（2）資格取得者が**どのような企業に就職**し、⬇（3）就職後、その者が仕事に対してどの程度の**満足度**を有するか、調査、原因分析および解決策を考察し、⬇（4）**ピアサポート**により後輩に伝える。

ピアサポート（peer support）とは、同じ症状や悩みを持ち、同じ立場の仲間（peer）が体験を語り合い、回

図表2－3　不動産学の効果測定

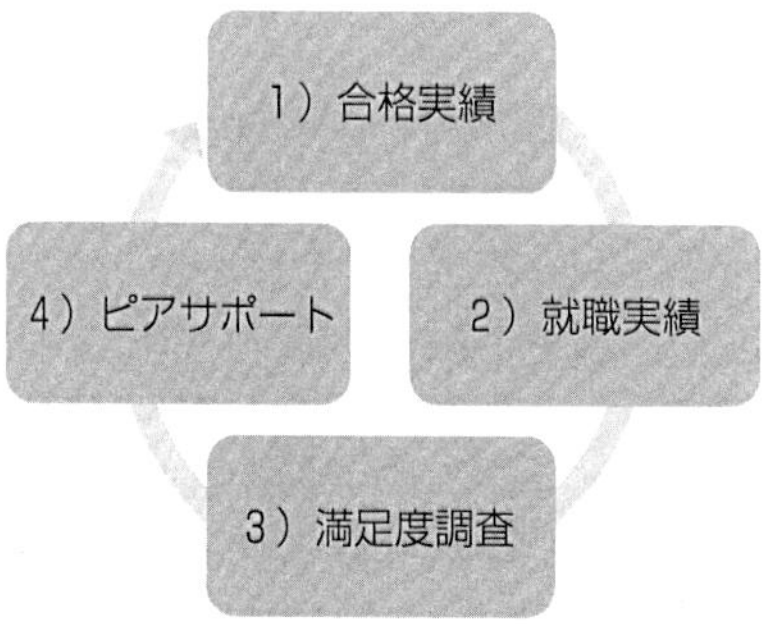

図表２－４　大阪学院大学・年度別資格試験合格者数

資格名／年度	賃貸不動産経営管理士	宅地建物取引士	不動産鑑定士（短答）	不動産鑑定士（論文）
2000年以前		22名		1名
2001年		3名		
2002年		5名		
2003年		6名		1名
2004年		4名		
2005年		5名		
2006年		3名		
2007年		5名		
2008年		3名	1名	
2009年		2名		
2010年		3名		
2011年		3名	1名	
2012年		5名		
2013年		7名		
2014年		0名		
2015年		8名		
2016年		2名		
2017年	2名	4名		
2018年	11名	12名		
2019年	12名	6名		
2020年	10名	13名		
2021年	3名	13名		
2022年	6名	19名		
2023年	1名	13名		

復や向上を目指す取り組みで、本学では、就活で成功した学生が、同輩や後輩に対して行っている。なお、私の授業を受けて国家試験に合格した人数は、前ページのとおりである。私の個人的な考えであるが、近い将来に、**賃貸不動産経営管理士は、国家資格昇格**の可能性が十分にある。

右記以外に、マンション管理士（国家資格）1名および管理業務取扱主任者（国家資格）4名の合格者を輩出している。

8. 履修者の追跡調査（1）～合格率

不動産学の授業が、専門知識獲得にどれほどの効果があるのか。そこで、1.に掲げる不動産学の授業での**「2011～2018年度定期試験の成績と宅建士試験との合否相関関係」**を分析してみよう（不動産学の授業を複数履修した者については、その期末試験の平均点を図表の評価とする）。

不動産学の授業を履修し**S評価**を得た者が宅建士試験を受験した場合の**合格率（pass rate）は35・7%で、全国平均の約2倍である。**また、不動産学の授業履修者で、かつ、エクステンションセンター主催の宅建士対策講座（以下、「エクステの授業」という）を受講した者は、さらに合格率が高い。

図表２－５　不動産学の授業を履修した者の成績別宅建士合格率

期末試験評価	受験者数	合格者数	合格率
S（90点以上）	56名	20名	35.7%
A（80点台）	71名	16名	22.5%
B（70点台）	26名	4名	15.4%
C（60点台）	20名	1名	5.0%
合　計	173名	41名	23.7%

図表２－６　不動産学＋エクステの授業受講者の成績別宅建士合格率

期末試験評価	受験者数	合格者数	合格率
S（90点以上）	42名	20名	47.6%
A（80点台）	44名	13名	29.5%
B（70点台）	20名	4名	20.0%
C（60点台）	13名	1名	7.7%
合　計	119名	38名	31.9%

図表２－７　不動産学出席率と合格率との関係

出席率	受験者	合格者	合格率
100%	18名	13名	72.2%
90～99%	46名	18名	39.1%
80～89%	38名	5名	13.2%
79%以下	71名	5名	7.0%
計	173名	41名	23.7%

鉄則１　不動産学の授業でＳ評価を得た者の合格率は、高い。

また、**図表２－５の１７３名に関し授業**出席率と合格率との関係を示すと、図表２－７になる。

鉄則２　出席率１００％を目指せ！

さて、不動産会社がなぜ宅建士試験に合格した学生を優先的に採用するのか？　宅建士を採用しないと、業務停止処分を受ける可能性があるという事情があるが、それだけではない。試験に向けて**「計画を立て、努力し、プレッシャーをはねのけて合格した」という過程**すなわち、計画力・努力・学習力、そして、**「ここ一発の勝負強さを高く評価」**するからである。中途半端な努力では、ここ一発の勝負に勝てない。私には、大学受験時の苦い思い出がある。高校の進路指導部の先生にこう言われた。「相川、第一志望の大学突破は、模試の偏差値が高いだけでは不十分だ。ここ一発のところで強くなければ合格できない。そういう意味で、阪神のファンはよくない。あんな勝負弱いチームを応援しているようではダメだ」と。無視をした私であったが、結局、その先生（巨人ファン）の予言どおり大学受験に大失敗した。

（注5）

鉄則3　宅建士試験突破で勝負強い人間に自己改革できる！

9．履修者の追跡調査（2）～就職実績等

2011～2018年の宅建士試験合格者に対し、左記のアンケート調査をした（すべての項目に回答しない者がいるため、同一人数になっていない）。

（1）どの企業に内定し、どの企業に入社しましたか。

《不動産》

近鉄不動産㈱　5名内定➡3名入社
東急リバブル㈱　6名内定➡3名入社
みずほ不動産販売㈱　2名内定➡2名入社
積和不動産関西㈱　5名内定➡2名入社
飯田ホールディングス　3名内定➡1名入社
住友不動産販売㈱　3名内定➡1名入社
住友林業ホームサービス㈱　4名内定➡0名入社
三菱ＵＦＪ不動産販売㈱　2名内定➡0名入社
三井不動産リアルティ㈱　1名内定➡0名入社
三井不動産レジデンシャル㈱　2名内定➡0名入社

《建　設》

大和ハウス工業㈱　10名内定➡7名入社
積水ハウス㈱　4名内定➡2名入社

《管　理》

㈱東急コミュニティー　2名内定➡2名入社

近鉄住宅管理㈱　1名内定 ➡ 1名入社
三井不動産レジデンシャルサービス㈱　1名内定 ➡ 0名入社
《金　融》
大和証券㈱　1名内定 ➡ 1名入社
《自　営》　8名

図表2－8　会社訪問先等[注6]

	宅建士取得者	一般学生
エントリー数	6.5社	55社
最初の内定までの期間	約1.5カ月	約4カ月

図表2－9　宅建士試験の勉強の効果

	文章読解力	計算力
非常に身についた	6名	2名
少し身についた	12名	10名
ほとんど変化なし	2名	8名

（2）どのくらいの企業を回りましたか。
宅建士資格を武器にした就活は、会社訪問先数および活動期間がきわめて少ない。なぜならば、不動産・建設・金融業界等と絞られているので、自己分析、業界研究および会社訪問の負担がきわめて小さいからである。宅建士合格者の就活平均像は、4勝2敗1引き分け。

鉄則4　宅建士資格は、就活の強力な武器となる。

（3）宅建士の受験勉強で文章読解力は身につきましたか。
社会問題である「日本人の文章読解力[注7]、計算力の低下」に対して効果的で、「文章読解力向上で勉強が面白くなっ

図表2－10　就職した会社の満足度（入社1年以上経過後調査）

満　足　度	宅建士試験合格後入社	一般学生
大満足	9名	0名
少し満足	8名	3名
ふつう	2名	7名
不満足	1名	9名

た」という学生が増加した。

（4）入社した会社に満足していますか。

宅建士試験合格者の多くは、希望の企業に内定したからであろう。

10．問題点の傾向と対策

以上のように、不動産学の授業および宅建士資格の有用性を記述したが、左記のような問題が発生した。

問題点1．職業選択がわからない学生が存在する。

問題点2．授業についてくることができない学生が存在する。

問題点3．試験に合格したのに、大企業に内定できない学生が存在する。

問題点4．就職後の離職率が数年前までやや高かった。

問題点5．1～2点不足で不合格になった学生のフォローが大変である。

問題点1の解決策に関しては、11を参照されたい。問題点2の原因は、当初、『まるかじり宅建士最短合格テキスト』（相川眞一著、TAC出版）を用いていたが、社会経験のない学生には理解がやや困難であった（もちろん、優秀な学生は理解できたが）。そこで、学問的な部分も取り入れた**「大学教養課程」の入門書を製作すべき**だとの考え、学生諸君の意見を取り入れながら『ゼロからの不動産学講義』（相川眞一著、創成社）を出版し、2018年度からの授業で使用している。2017年度より学生の理解度は向上し、左記のように、2018年度には資格試験の合格者数が増加した。

・宅地建物取引士資格試験　4名 ⬇ 12名（3倍増）
・賃貸不動産経営管理士資格試験　2名 ⬇ 11名（5・5倍増）

問題点3に関しては、**「宅建士試験合格だけで大企業に内定できるという考えは甘い」**ということである。わが国では、今、喫緊に解決策を議論すべき、少子高齢化問題・災害対策・地球環境問題・空家問題・東京一極集中問題・欠陥住宅問題・景観問題・相続問題・土壌汚染問題等がある。以下は、すべて、大手不動産会社の面接等で出された質問の例である。

⋯⋯⋯

「空家問題について、君はどういう解決策を考えていますか」
「南海トラフ巨大地震に関し、大都市での注意点を3つ挙げて下さい」
「生産緑地問題（2022年問題）に関して、考えを聞かせて下さい」
「コンパクトシティのメリット・デメリットを述べて下さい」

「若年女性（20～39歳）と市町村の存亡について述べて下さい」
「2050年に向けて東京をどういう都市に変えていけばいいですか」
以上の質問に対しては、宅建士試験に合格していても、即答は難しい。しかしながら、不動産学を勉強している者は答えることができるのである。さらに！ 答えは1つではない。**解答が1つの国家試験とは本質が異なる。**そして、**「宅建士試験の勉強から実学へのギャップを埋める」のが、不動産学**である。これは、**専門学校では教えない。**ここに、**大学の存在意義**がある。

問題点4に関して、主たる離職原因は、学生と会社との**ミスマッチ**（mismatch）であった。私は、会社を左記の5タイプに分類している。

Aタイプ：仕事はキツイが、給料はかなり高い会社
Bタイプ：仕事は少しキツイが、給料はそこそこ高い会社
Cタイプ：仕事は普通で、給料も普通の会社
Dタイプ：仕事は楽だが、給料は安い会社
Eタイプ：仕事はキツイし、給料も安い会社（ブラック企業）

以前は、あまり身体が強くない人がAタイプに行って身体を壊して離職する、金儲けしたい人がDタイプに行って「こんな安月給はイヤ」と離職する等、学生と会社とのミスマッチが多々あった。そこで、私は個別に面接を行い、各学生がどのタイプを希望するか、さらに、

図表2－11　1点不足で不合格の者の翌年・翌々年の点数

最初の受験年	翌　年	翌々年
38名が，1点不足で不合格	9名が，祝！合格	3名が，祝！合格
	12名が1点不足で不合格	5名が1点不足で不合格
	7名が2点不足で不合格	6名が2点不足で不合格
	10名が3点以上不足で不合格	8名が3点以上不足で不合格
		7名が，受験断念

「転勤の有無」「海外での活躍の可否」「福利厚生のレベル」等を加味し、学生とともに企業選択をしてきた。その効果により、近年では、入社5年以内に離職する人は、ほぼいない。

鉄則5　宅建士資格＋不動産学＋マッチング＝実学への道

問題点5に関しては、宅建士試験に1点不足で不合格になると、誰しも精神的ショックを受ける。宅建士試験は、上位約15%を争う競争試験である。**合格ライン上ではすさまじい数の受験者がしのぎを削り、「1点不足で不合格となる人は、毎年10、000人前後**」と言われている。

私が大阪学院大学で教えた学生で1点不足で不合格となった者は、判明しているだけで38名もいる（2011～2018年まで・図表2－11）。その38名は当然のごとく臥薪嘗胆の心意気で次の年も受験するが、翌年合格した者はたった9名しかいない。**受験者のレベルが年々難化**するからである。しかも、12名が**再び1点不足で不合格**となっている。合格ライン1～2点下は、**ブラックボックス化**している。

脳医学（brain medicine）・組織行動学（organizational behavior）という分野の手法を活用している。**組織行動学では、「人は約1週間に1度の頻度で認められないと、やる気がなくなる」**ということが証明されているそうだ。私は、1点不足で不合格となった学生には、なるべく1週間に1回話しかけ、場合によっては、食事に誘って話を聞くようにしている。

11. 分業社会と職業選択

私たちは、牛丼をたった300〜400円で食べることができる。なぜこんなに安いのか？　それは、さまざまな職業の方々が多くの手順を踏み、牛丼という商品をきわめて効率的に低コストで作るプロセスを構築してくれるからである。アメリカの牧場の牛、それを育てるための牧草の苗・穀物・水…、さらに、工場へ運ばれ、精肉加工され、大きな船で日本に運ばれ、税関の検疫を受け、外食チェーン店に売られ、外食チェーン店は宅建業者のあっせんで賃借した店舗で、他の場所から調達した醤油・タマネギ・砂糖・米等の材料で調理し、我々に牛丼を提供してくれるのである。

すなわち、**数え切れない職業の人々のおかげで、牛丼を「安く・早く・うまく」食べることができる。**大感謝である。これらのことを、経済学では、**分業**（division of labor）という。私は、幼い頃から「本を書きたい」とか「教員になりたい」という夢を持っていた。この夢は、幼稚園➡小学校➡中学校➡高校➡大学➡大学院を通して達成でき、ささやかな幸せをつかんでいる。**「好きこそものの上手なれ」**。好きな仕事に打ち込むことは、専門家としてのスキルを高め、社会貢献でき、まわりまわって自分も幸せになれるのである。

「自分の天職は、何であるか」を見つけることができないまま、生涯を終える方が多いと言われている。私は、幸い、幼稚園卒園時に将来の職業を仮決定することができた（卒園直前に、希望の職業をテープレコーダーに記録させられたため）が、今の幼稚園児にそれを望むのは困難かもしれない。なぜならば、**現在存在する職業の約49％が、将来的に人工知能（artificial intelligence・以下、「ＡＩ」という）等に取って代わられる**とされるからである。(注8)学生諸君には、遅くとも大学2年終了時までに、**「どういう業界で働きたいか、どういう職業に就きたいか」を決めてほしい**。わからない方は、自己分析をしてほしい。幼い頃からの生い立ちを振り返り、楽しかったこと・つらかったこと・それを乗り越えたこと・家族や友人に助けられたことや喜んでもらえたことを思い出し、「じゃあ、今度は私が、この分野で世の中にお返しをしよう！」ということで決めればよい。**「自分の好きな分野・得意な分野で勝負する」**ことが大切である。私は、大阪学院大学および大阪学院大学高校の入学式後の挨拶で、保護者の方々に「早く、お子さんと将来の職業について話し合いをして下さい」と申し上げている。

鉄則6　自分の好きなことを天職にすれば、毎日笑顔になる。

図表2−12　不動産プロジェクト

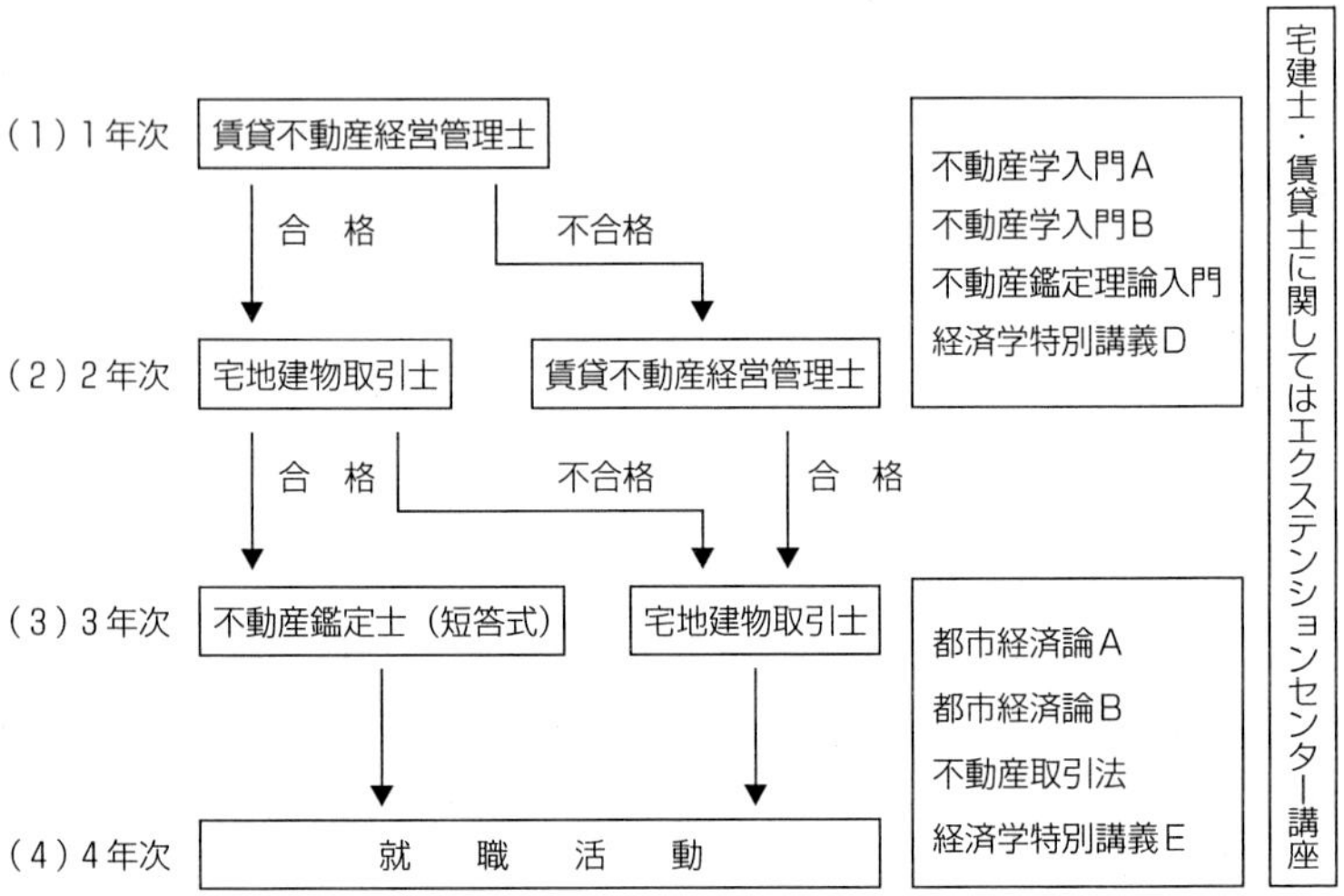

12. 不動産学プロジェクト（real estate science project）

（1）大学1年次

入学式の時に、「4年間目標を持ってがんばるぞ！」と決意できるか否かが勝負の分かれ目。高橋尚子特任教授の「新入生への贈る言葉」は素晴らしく、何度聴いても心が覚醒する（高橋教授のお話は、年々迫力を増している）。

（2）大学2年・3年次

賃貸不動産経営管理士資格試験および宅建士試験合格を目指す。また、希望者には、不動産鑑定士試験（短答式）対策を行う体制を整えている。

鉄則7 単位と資格が同時に取れ、一粒で二度おいしい課程だ！

13. 宅建士交流会

大阪学院大学では、毎年、宅建士交流会を開催している。これは、学生時代に同試験に合格し、不動産・建設・金融業界等大手企業で活躍している卒業生と、在学中に合格した学生との交流会である（毎年1月の第三水曜日に開催。写真は、2018年1月24日開催の模様）。

交流会では、卒業生から合格後も学習意欲を持ち続けることの大切さや国家資格を生かした就活必勝法等が伝授され、逆に卒業生に質問する。また、合格者同士も積極的に意見交換を行い、情報を共有する。同じ目標を持った人間同士のつながりも生まれる有意義なイベントである。

14. 不動産学のブランド化推進

ブランド（brand）とは、①自己の商品を他の商品と区別するために、自己の商品に使用する名称や標章。銘柄。商標。②特に優れた品質をもつとして知られている商品の名称や商標。とされている。(注9)すなわち、**他大学との差別化**を図る。

第一に、**労働生産性**、ならぬ**「学習生産性」**が重要と考えている。本来、**学問や実務視点の勉強は、遠回りしつつも苦労して習得するもの**である。しかしながら、**国家試験合格は遠回りしてはいけない**。一部の企業や大学では、**「缶詰め講義」**、**「合宿講義」**、**「大量の答案練習・宿題」**、**「居残り勉強」等で膨大な学習時間をかけて合格させる**方法を取っている。確かに、大量合格達成に有効だが、たとえ宅建士試験に合格したとしても、その者は社会に出た後、高い労働生産性を達成することは難しいのではないか。なぜならば、新たに別の勉強をする際、**「膨大な学習時間をかけないと合格できない脳」**になっている可能性が高いからである。私は、そういう勉強法で合格した人から、「もう、辛い勉強はしたくない」とよく聞かされる。それでは、**「宅建士止まりの人間」になり、「その後の人生の伸びしろ」を消してしまう**可能性がある。

戦略的学習法により、「なるべく時間をかけず」、「楽しく」合格することによって、「効率

図表２－13　基礎から目指す国家資格等

のよい時間の使い方」が身につき、より高度な勉強により「自己の明るい未来」を見出すことができるのである。

第三に、教科書は、自ら執筆したものを使用し、学生諸君の反応をみて、よりわかりやすく毎年改訂している。特に、国家試験の参考書は、ＩＤ野球(注10)を掲げた野村克也氏の発想を十分に取り入れて、執筆している。

私は、（１）学問視点、（２）実務視点、（３）国家試験視点、という３つのアプローチから研究し、まとめていきたいと考えている。

15. 人生100年時代の大学教育～リカレント（学び直し）へ

20世紀までは、**学校➡労働➡リタイアの人生**

図表２－14　不動産学関連科目で使用する基本テキスト一例

『不動産に関する行政法規最短合格テキスト』・『本書』相川眞一著（TAC）（創成社）	・経済学特別講義Ｅ（大学院と合同） ・都市経済論Ａ・Ｂ…上級
『まるかじり宅建士最短合格テキスト』相川眞一著（TAC）	・不動産取引法 ・エクステ宅建士講座…中級
『ゼロからの不動産学講義』相川眞一著（創成社）	・不動産学入門Ａ・Ｂ ・経済学特別講義Ｄ…初級

3ステージ論が主流であった。そこに異を唱えたのが、**リンダ・グラットン英ロンドン・ビジネススクール教授**(注11)である。リンダ・グラットン教授は、『ライフ・シフト』を共著で出版し、**「人生100年時代構想会議」**に招聘された。

同会議で議論されているのが、**「幼児・高等教育の無償化・負担軽減」**および**「社会人のリカレント（recurrent）教育」**である。特に後者については、「大学にしても、これまでの若い学生を対象にした一般教養の提供では、社会のニーズに応えられないのではないか(注12)」ということをテーマの中に掲げている。すなわち、人生100年時代の到来に伴い、現役で働く年数が増加する一方、AIの進化による既存職業の消滅や国際情勢の変化等、社会環境は著しく変化し、**1つのスキル（skill）で一生食べていくことができる時代は終焉を迎え、社会人に専門分野のさらなる研究または異分野のスキルを身につけるためのリカレントが必要**なのである。

社会人に対するリカレント教育の提供も私の中長期目標で、不動産学はそのラインアップの1つである。

図表2－15　人生100年時代の大学（院）の役割

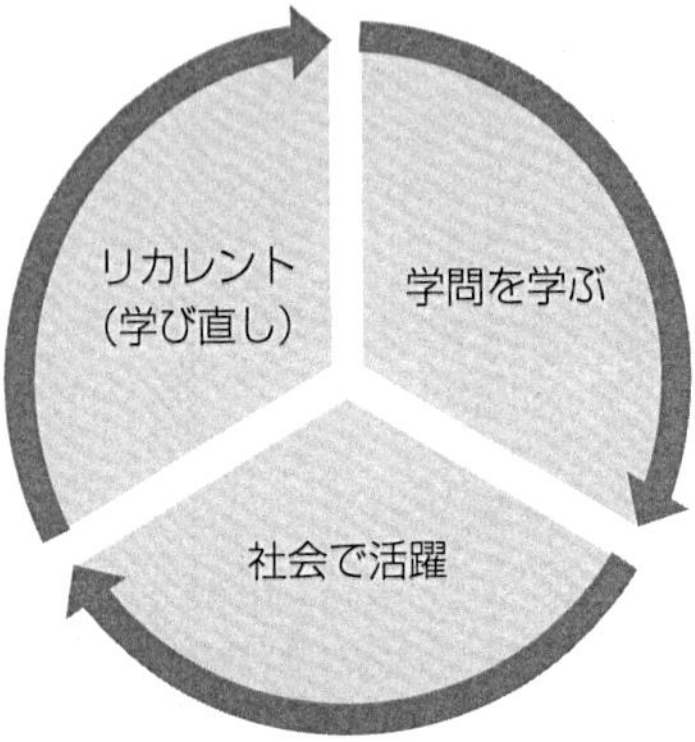

16. 不動産学による私の極貧生活脱却体験記

平成の30年間、日本は、（1）長期景気低迷、（2）国際競争力低下、および（3）巨大災害発生、という試練にさらされてきた。その結果、国民は、**給与水準の低下・非正規労働の苦悩・仕事に対するやり甲斐の喪失・災害によるささやかな幸せや大切な人との別れ**を経験してきた。

私自身、**1985年（昭和60年）から1989年（平成元年）にかけて非正規労働者として、低収入に喘いだ。**9歳年下の彼女（まだ20歳前後）にも年収が大きく負けていたほどである。月収が手取り約12万円（ボーナスは無し）のため、大阪府豊中市内の4畳半1間・家賃1・4万円のアパート暮らしだった。私にとって、正社員は憧れであり特権階級と思えた。平成元年、アパートは、**ボートピープル**（boat people）で溢れたが、お互いに極貧だったため、結構仲良くなった。

私は、極貧からの脱却を図るため、**「非正規労働者から正社員になること」**を目指し、1987年に宅地建物取引主任者資格試験（後の宅建士試験）に合格し、翌1988年に宅地建物取引主任者資格登録をした。翌1989年にTAC㈱に非常勤講師で復帰し、1990年（平成2年）のバブルの絶頂期に、TACから「正社員にならないか?」と言われ、迷いなく即断即決した。そして、翌1991年に**バブル崩壊で不況の幕開け**。このように、**たった1年の違いで、好況から不況に転落するのが経済の怖さ**であり、「一瞬の迷いで一生を棒に振る」可能性がある。TACの仕事は超多忙だったが、めちゃくちゃ楽しく、寝る時間を惜しんで働いた。「24時間戦えますか」というくらい働いた。数年後、生活が安定し、神戸の新築マンションに引っ越した。好事魔多し。1995年に阪神大震災で被災し、全財産を失い、頭に怪我をした。さらに悪いことに、避難所が一時期満杯となったために、**ホームレス生活**を経験した。NHKニュースでの行方不明者名簿の中に私の名前があったそうだ。JR・阪急・阪神電鉄が寸断され、休職を余儀なくされたため収入が激減し、**真夜中の神戸港で荷役の手伝いをしながら、魚を釣って生き延びるというサバイバル生活**をした。

「負けてたまるか！　大震災!!」。

私の年収は、宅地建物取引主任者資格登録をしてから2年で約1・8倍増、10年で約6倍増となり、**私のような非正規労働者でも、宅建士資格を取ることで正社員になることができ、所得倍増計画および自己変革が達成できることを証明**できた。私は、今まで約8、000名の宅建士合格者を輩出しているが、うち数百名が非正規労働者の方々で、私同様、宅建士資格を武器に正社員としての転職を見事勝ち取られた。したがって、読者の方々の中で非正規労働者の方がおられたら、宅建士を、自信を持ってお勧めする。

鉄則8　宅建士資格は、最も就職に有利な資格の1つである。

図表２－16　私の宅建資格取得後の年収の増減

年	主たる出来事	私の年収の対前年変動率	対平均年収割合 (注13)
昭62年	宅地建物取引主任者資格試験合格	－	0.42
63年	宅地建物取引主任者資格登録	3.1％増	0.42
平元年	TAC㈱に非正規社員で復帰	21.4％増	0.48
2年	TAC㈱の正社員に昇格	55.5％増	0.71
3年	バブル崩壊。神戸に引越し	17.5％増	0.79
4年	定期昇給	10.0％増	0.85
5年	定期昇給，書籍出版スタート	10.0％増	0.98
6年	定期昇給	10.0％増	1.06
7年	阪神大震災で怪我・人生どん底！	▲42.0％	0.58
8年	全快復帰・モーレツ社員になる	31.5％増	0.74
9年	消費税増税で大不況。契約社員になり大阪学院大学非常勤講師開始	82.0％増	1.44
10年	立命館大学非常勤講師開始	18.8％増	1.72
11年	甲南大学非常勤講師開始	11.2％増	1.93
12年	大阪国際大学非常勤講師開始	15.1％増	2.22

「宅建士の仕事は、外回りの営業」と誤解されているが、そうではない。お客様に物件の説明をしたり、契約書に記名押印する法律上の仕事である。

注

（注1）ただし、専門ゼミナール以外は、他学部履修が可能である。
（注2）「学校基本統計」（文部科学省）、「日本の将来推計人口」（国立社会保障・人口問題研究所）による。
（注3）『21世紀への不動産業ビジョン』（建設省・1986年）による。
（注4）財務省『法人企業統計』による。
（注5）宅地建物取引業法上、従業者5名につき専任の宅建士1名以上の設置義務がある。
（注6）宅建士資格取得者に関しては、私が受講生よりアンケート調査を実施し、一般学生に関しては、就活メディアの調査による。
（注7）新井紀子国立情報学研究所教授が、著書『AI vs. 教科書が読めない子どもたち』の中で指摘している。
（注8）2015年12月2日に、㈱野村総合研究所が英オックスフォード大学との共同研究により、「10〜20年後に日本の労働人口の49％が人工知能やロボットで代替可能となる」という推計を発表した。
（注9）『大辞林（第三版）』（三省堂）による。
（注10）ID（import data）野球を掲げ、万年Bクラスだったヤクルトスワローズを日本一に導いた野村克也氏の発想は、単なるデータ野球ではなく、選手のやる気を引き出すような采配をも加味した。野村氏の方法は、大学教育でも十分に活用できる。ディナーショーの質問コーナーで、私の悩みに答えて下さった。
（注11）人材論、組織論の世界的権威。働き方はマルチステージへ変わるべきと主張する。
（注12）「人生100年時代構想会議」（2017年10月）の資料3－1による。
（注13）「賃金構造基本統計調査」（厚生労働省）による平均年収に対する私の年収の割合。

（注）本章は、『大阪学院大学通信』（平成30年6月号、第49巻第3号）に掲載されたものを加筆修正したものである。

第3章　不動産鑑定理論　総論

1．不動産の鑑定評価に関する基本的考察

不動産の鑑定評価とはどのようなことか、それは何故に必要であるか、われわれの社会においてそれはどのような役割を果たすものであるか、そしてこの役割の具体的な担当者である不動産鑑定士に対して要請されるものは何であるか、不動産鑑定士は、まず、これらについて十分に理解し、体得するところがなければならない。

第3章、第4章および第5章では、「不動産鑑定評価基準」に準拠しながら、鑑定評価理論を記述していく。

(1) 不動産とその価格

不動産は、通常、土地とその定着物をいう。不動産の価格は、一般に、

① その不動産に対してわれわれが認める**効用**（欲望を満たしてくれる）
② その不動産の**相対的稀少性**（品薄状態だと価格が上がる）
③ その不動産に対する**有効需要**（資金力がある買手の存在）

の**三者**の相関結合によって生ずる不動産の経済価値を、貨幣額をもって表示したものである。

そして、この不動産の経済価値は、基本的にこれら三者を動かす自然的、社会的、経済的及び行政的な要因の相関結合によって決定される。不動産の価格とこれらの要因との関係は、不動産の価格が、これらの要因の影響の下にあると同時に、選択指標としてこれらの要因に影響を与えるという二面性を持つものである。

(2) 不動産とその価格の特徴

土地は、他の一般の諸財と異なって次のような特性を持っている。

① **自然的特性**として、地理的位置の固定性、不動性（非移動性）、永続性（不変性）、**不増性**、**個別性**（**非同質性、非代替性**）等を有し、固定的であって硬直的である。

② **人文的特性**として、**用途の多様性**（用途の**競合**、**転換**および**併存**の可能性）、**併合および分割の可能性**、**社会的および経済的位置の可変性**等を有し、可変的であって伸縮的である。

不動産は、この土地の持つ諸特性に照応する特定の自然的条件および人文的条件を与件として利用され、その社会的および経済的な有用性を発揮するものである。そして、これらの諸条件の変化に伴って、その利用形態ならびにその社会的および経済的な有用性は変化する。

不動産は、また、その自然的条件および人文的条件の全部または一部を共通にすることによって、他の不動産とともにある地域を構成し、その地域の構成分子としてその地域との間に、依存、補完等の関係に及び、その地域の他の構成分子である不動産との間に、協働、代替、競争等の関係に立ち、これらの関係を通じてその社会的および経済的な有用性を発揮するものである。

このような地域には、その規模、構成の内容、機能等に従って各種のものが認められるが、そのいずれもが、不動産の集合という意味において、個別の不動産の場合と同様に、特定の自然的条件および人文的条件との関係を前提とする利用のあり方の同一性を基準として理解されるものであって、他の地域と区別されるべき特性をそれぞれ有するとともに、他の地域との間に相互関係にたち、この相互関係を通じて、その社会的および経済的位置を占めるものである。

このような**不動産の特徴**により、不動産の価格についても、他の一般の諸財の価格と異なって、およそ次のような特徴を指摘することができる。

① 不動産の経済価値は、一般に、**交換の対価である価格**として表示されるとともに、その

用益の対価である賃料として表示される。そして、この価格と賃料との間には、**元本と果実との間に認められる相関関係**を認めることができる。

② 不動産の価格（または賃料）は、その不動産に関する所有権、賃借権等の権利の対価または経済的利益の対価であり、また、2つ以上の権利利益が同一の不動産の上に存する場合には、それぞれの権利利益について、その価格（または賃料）が形成され得る。

③ 不動産の属する地域は固定的なものではなくて、常に**拡大縮小、集中拡散、発展衰退等の変化の過程にある**ものであるから、不動産の利用形態が最適なものであるかどうか、仮に現在最適なものであっても、時の経過に伴ってこれを持続できるかどうか、これらは常に検討されなければならない。したがって、不動産の価格（または賃料）は、通常、**過去と将来とにわたる長期的な考慮の下に形成**される。**今日の価格（または賃料）は、昨日の展開であり、明日を反映する**ものであって常に変化の過程にあるものである。

④ 不動産の現実の取引価格等は、取引等の必要に応じて個別的に形成されるのが通常であり、しかもそれは個別的な事情に左右されがちのものであって、このような取引価格等から不動産の適正な価格を見出すことは一般の人には**非常に困難**である。したがって、不動産の適正な価格については**専門家としての不動産鑑定士の鑑定評価活動が必要**となるものである。

（3）不動産の鑑定評価

このように一般の諸財と異なる不動産についてその適正な価格を求めるためには、鑑定評価活動に依存せざるを得ないことになる。

不動産の鑑定評価は、その対象である不動産の経済価値を判定し、これを貨幣額をもって表示することである（定義1）。それは、この社会における一連の価格秩序の中で、その不動産の価格および賃料がどのような所に位するかを指摘することである。

したがって、鑑定評価は、高度な知識と豊富な経験および的確な判断力を持ち、さらに、これらが有機的かつ総合的に発揮できる練達堪能な専門家によってなされるとき、初めて合理的であって、客観的に論証できるものとなるのである。

不動産の鑑定評価とは、現実の社会経済情勢の下で合理的と考えられる市場で形成されるであろう市場価値を表示する適正な価格を、不動産鑑定士が的確に把握する作業（定義2）に代表されるように、練達堪能な専門家によって初めて可能な仕事であるから、このような意味において、**不動産の鑑定評価とは、不動産の価格に関する専門家の判断であり、意見である（定義3）**といってよいであろう。

それはまた、この**社会における一連の価格秩序の中で、対象不動産の価格の占める適正なあり所を指摘**することであるから、その社会的公共的意義は極めて大きいといわなければならない。

（4）不動産鑑定士の責務

土地は、**土地基本法**（国土利用計画法ではナイ！）に定める土地についての基本理念に即して利用および取引が行われるべきであり、特に**投機的取引の対象とされてはならない**ものである。不動産鑑定士は、このような土地についての基本的な認識に立って不動産の鑑定評価を行わなければならない。

不動産鑑定士は、不動産の鑑定評価を担当する者として、十分に能力のある専門家としての地位を**不動産の鑑定評価に関する法律**によって認められ、付与されるものである。したがって、不動産鑑定士は、不動産の鑑定評価の社会的公共的意義を理解し、その責務を自覚し、的確かつ誠実な鑑定評価活動の実践をもって、社会一般の信頼と期待に報いなければならない。

そのためには、まず、不動産鑑定士は、同法に規定されているとおり、良心に従い、誠実に不動産の鑑定評価を行い、職業専門家としての社会的信用を傷つけるような行為をしてはならないとともに、**正当な理由がなくて**、その職務上取り扱ったことについて知り得た**秘密を他に漏らしてはならない**ことはいうまでもなく、さらに次に述べる事項を遵守して資質の向上に努めなければならない。

① 高度な知識と豊富な経験と的確な判断力とが有機的に統一されて、初めて的確な鑑定評価が可能となるのであるから、不断の勉強と研鑽とによってこれを体得し、**鑑定評価の**

② **進歩改善に努力**すること。
依頼者に対して鑑定評価の結果をわかりやすく誠実に説明を行い得るようにするとともに、社会一般に対して、実践活動をもって、不動産の鑑定評価およびその制度に関する理解を深めることにより、不動産の鑑定評価に対する信頼を高めるよう努めること。

③ 不動産の鑑定評価に当たっては、自己または関係人の利害の有無その他いかなる理由にかかわらず、**公正妥当な態度を保持**すること。

④ 不動産の鑑定評価に当たっては、**職業専門家としての注意**を払わなければならないこと。

⑤ **自己の能力の限度を超えていると思われる不動産の鑑定評価**を引き受け、または縁故もしくは**特別の利害関係を有する場合**等、公平な鑑定評価を害する恐れのあるときは、**原則として**（例外アリ）**不動産の鑑定評価を引き受けてはならない**こと。

国家試験にチャレンジ！①（不動産鑑定士試験・2016年）

土地の特性に関する次の記述のうち、人文的特性と直接関係のない記述はどれか。
(1) ある宅地を売却しようとしたところ、共同住宅の建設を計画する購入希望者と、事務所ビルの建設を計画する購入希望者が競合した。

(2) 眺望に優れた別荘地の購入を検討していたが、希望する土地の物件は崖地を多く含むため、同等の眺望が得られ、かつ崖地を含まない物件を探したが、見つからなかった。
(3) 資材置き場として利用されていた宅地が、分割されて、共同住宅と倉庫の敷地となった。
(4) 自治体の各種施策により人口が増加し、住宅地としての利用のみならず、日用品を扱う店舗地としての利用も増えてきた。
(5) 町の雇用を支えていた工場が撤退したため、住宅需要が減少し、土地の価格が大きく下落した。

【解答へのアクセス】

(1) ○ 人文的特性のうち「用途の多様性(競合)」等に関係する。
(2) × 自然的特性のうち「個別性」等に関係する。
(3) ○ 人文的特性のうち「併合及び分割の可能性」等に関係する。
(4) ○ 人文的特性のうち「用途の多様性(転換・併存)」等に関係する。
(5) ○ 人文的特性のうち「社会的及び経済的位置の可変性」等に関係する。
∴ (2) が正解である。

国家試験にチャレンジ！②（不動産鑑定士試験・2013年）

不動産鑑定士の責務に関する次のイからホまでの記述のうち、正しいものをすべて掲げた組み合わせはどれか。

イ　依頼者に対しては説明責任を負うので、依頼者からの開示を求められた場合は、いかなる情報も提供しなければならない。

ロ　不動産の鑑定評価は、高度な知識を要求される作業である一方で、依頼者に対しては、鑑定評価の結果をわかりやすく説明することが求められる。

ハ　他の専門家に調査を依頼すれば、自己の能力の限度を超えていると思われる不動産の鑑定評価を引き受けてもよいということにはならない。

ニ　土地基本法第2条は、土地についての公共の福祉優先を定めているので、公的機関からの依頼による鑑定評価に当たっては、公益目的を重視し、依頼者からの鑑定評価額に関する指示を受け入れるように配慮すべきである。

ホ　不動産鑑定士は、不動産の鑑定評価に関する法律によって、不動産の鑑定評価を担当する者としての地位を認められ、付与されるものであるから、その責務を自覚し、不動産の適正な価格について意見を求められた場合には、直ちにこれに応じることができなければならない。

（1）イとニ　（2）ロとハ　（3）ハとニ　（4）ハとホ　（5）ニとホ

【解答へのアクセス】

イ　×「いかなる～」が間違い。個人情報保護の観点から開示できないことがある。

ロ・ハ　○　正しい。

ニ　×　公的機関からの依頼による鑑定評価でも、公正妥当な姿勢で鑑定評価に臨まなければならない。**忖度（そんたく）の必要はナシ！**

ホ　×　前半は正しいが、「直ちにこれに応じることができなければならない」という規定はない。

∴（2）が正しい。

2. 不動産の種別および類型

不動産の種類とは、不動産の**種別および類型の二面からなる複合的な不動産の概念**を示すものであり、この不動産の種別および類型が不動産の経済価値を本質的に決定づけるものであるから、この両面の分析をまって初めて精度の高い不動産の鑑定評価が可能となるものである。

不動産の種別とは、不動産の**用途に関して区分される不動産の分類**をいい、**不動産の類型**とは、その**有形的利用および権利関係の態様に応じて区分される不動産の分類**をいう。

（1）不動産の種別

地域の種別は、宅地地域、農地地域、林地地域等に分けられる。

宅地地域とは、居住、商業活動、工業生産活動等の用に供される建物、構築物等の敷地に供されることが、自然的、社会的、経済的および行政的観点からみて合理的と判断される地域をいい、住宅地域、商業地域、工業地域等に細分される。さらに、住宅地域、商業地域、工業地域等については、その規模、構成の内容、機能等に応じた**細分化**が考えられる。

☞ 住宅地域の細分化

①	敷地が広く、**街区および画地が整然**とし、**植生と眺望、景観等が優れ**、建築の施工の質の高い建物が連たんし、良好な近隣環境を形成する等**居住環境の極めて良好な地域**であり、従来から**名声の高い**地域（ex. 田園調布・芦屋）
②	敷地の規模および建築の施工の質が**標準的な住宅**を中心として形成される居住環境の良好な住宅地域
③	比較的**狭小な戸建住宅および共同住宅**が密集する住宅地域または住宅を主として**店舗、事務所、小工場等が混在**する住宅地域
④	都市の通勤圏の内外にかかわらず、**在来の農家住宅**等を主とする集落地域および市街地的形態を形成するに至らない住宅地域

☞ 商業地域の細分化

①	**高度商業地域**	たとえば、大都市（東京23区、政令指定都市等）の都心または副都心にあって、広域的商圏を有し、比較的大規模な中高層の店舗、事務所等が高密度に集積している地域であり、高度商業地域の性格に応じて、さらに、次のような細分類が考えられる。 **ア　一般高度商業地域**…主として繁華性、収益性等が極めて高い店舗が高度に集積している地域（ex.銀座等） **イ　業務高度商業地域**…主として行政機関、企業、金融機関等の事務所が高度に集積している地域（ex.新宿等） **ウ　複合高度商業地域**…店舗と事務所が複合して高度に集積している地域（ex.池袋等）
②	**準高度商業地域**	高度商業地域に次ぐ商業地域であって、広域的な商圏を有し、店舗、事務所等が連たんし、商業地としての集積の程度が高い地域
③	**普通商業地域**	高度商業地域、準高度商業地域、近隣商業地域および郊外路線商業地域以外の商業地域であって、都市の中心商業地域およびこれに準ずる商業地域で、店舗、事務所等が連たんし、多様な用途に供されている地域
④	**近隣商業地域**	主として**近隣の居住者に対する日用品**等の販売を行う店舗等が連たんしている地域（ex.寅さんの街、柴又）
⑤	**郊外路線商業地域**	都市の**郊外の幹線道路（国道、都道府県道等）沿い**において、店舗、営業所等が連たんしている地域

農地地域とは、農業生産活動のうち耕作の用に供されることが、自然的、社会的、経済的および行政的観点からみて合理的と判断される地域をいう。

林地地域とは、林業生産活動のうち木竹または特用林産物の生育に供されることが、自然的、社会的、経済的および行政的観点からみて合理的と判断される地域をいう。

なお、宅地地域、農地地域、林地地域等の相互間において、ある種別の地域から他の種別の地域へと転換しつつある地域および宅地地域、農地地域等のうちにあって、細分されたある種別の地域から、その地域の他の細分された地域へと移行しつつある地域があることに留意すべきである。

図表３－１　見込地

土地の種別は、地域の種別に応じて分類される土地の区分であり、宅地、農地、林地、見込地、移行地等に分けられ、さらに地域の種別の細分に応じて細分される。

宅地とは、宅地地域のうちにある土地をいい、住宅地、商業地、工業地等に細分される。この場合において、**住宅地とは住宅地域のうちにある土地**をいい、**商業地とは商業地域のうちにある土地**をいい、**工業地とは工業地域のうちにある土地**をいう。

図表３－２　移行地

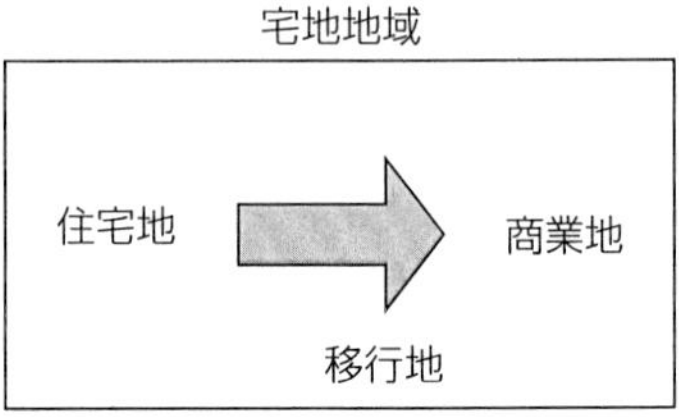

農地とは、**農地地域のうちにある土地**をいう。

林地とは、**林地地域のうちにある土地**（立木竹を除く）をいう。

見込地とは、宅地地域、農地地域、林地地域等の相互間において、ある種別の地域から他の地域の種別の地域へと**転換**しつつある地域のうちにある土地をいい、宅地見込地、農地見込地等に分けられる。

移行地とは、宅地地域、農地地域等のうちにあって、細分されたある種別の地域から他の種別の地域へと**移行**しつつある地域のうちにある土地をいう。

（2） 不動産の類型

宅地の類型は、その有形的利用および権利関係の態様に応じて、更地、建付地、借地権、底地、区分地上権等に分けられる。

更地とは、建物等の定着物がなく、かつ、使用収益を制約する権利の付着していない宅地をいう。**建付地**とは、建物等の用に供されている敷地で建物等およびその敷地が同一の所有者に属している宅地をいう。**借地権**とは、借地借家法（廃止前の借地法を含む）に基づく借地権（建物の所有を目的とする地上権または土地の賃借権）をいう。**底地**とは、宅地について借地権の付着している場合における当該宅地の所有権をいう。**区分地上権**とは、工作物を所有するため、地下または空間に上下の範囲を定めて設定された地上権をいう。

建物およびその敷地の類型は、その有形的利用および権利関係の態様に応じて、自用の建物およびその敷地、貸家およびその敷地、借地権付建物、区分所有建物およびその敷地等に分けられる。

図表3－3　宅地の類型

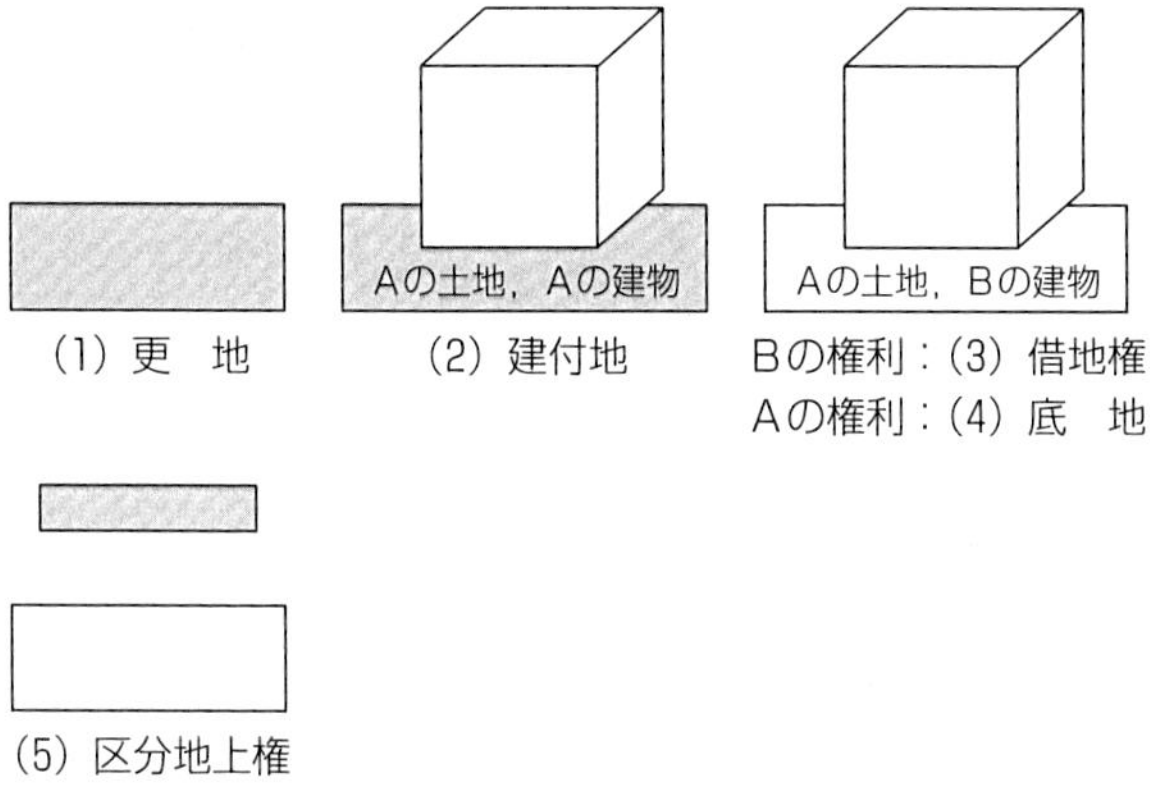

自用の建物およびその敷地とは、建物所有者とその敷地の所有者とが同一人であり、その所有者による使用収益を制約する権利の付着していない場合における当該建物およびその敷地をいう。**貸家およびその敷地**とは、建物所有者とその敷地の所有者とが同一人であるが、建物が賃貸借に供されている場合における当該建物およびその敷地をいう。**借地権付建物**とは、借地権を権原とする建物が存する場合における当該建物およびその借地権をいう。**区分所有建物およびその敷地**とは、建物の区分所有等に関する法律に規定する専有部分ならびに当該専有部分に係る共用部分の共有持分および敷地利用権をいう。

図表３－４　建物およびその敷地の類型

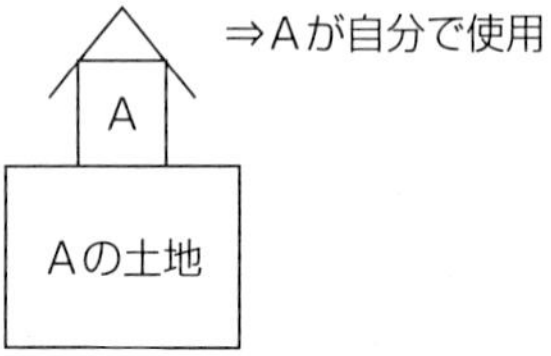

(1) 自用の建物およびその敷地

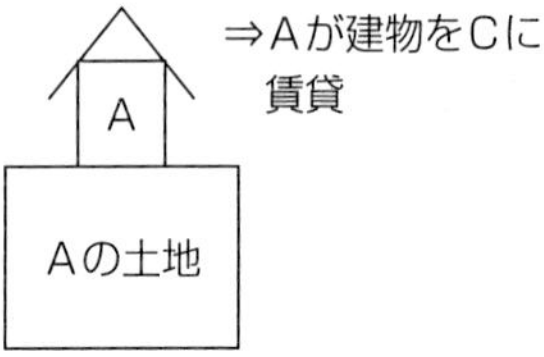

(2) 貸家およびその敷地

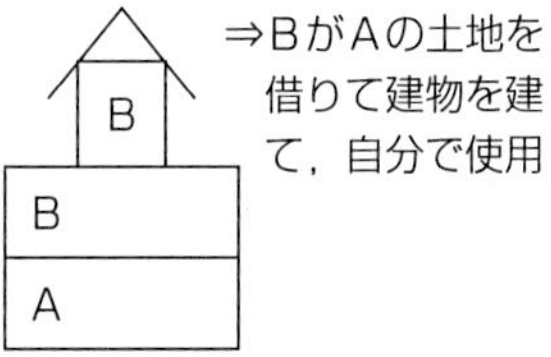

(3) 借地権付建物（自用）

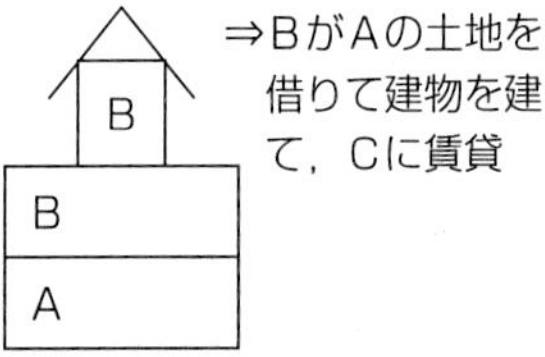

(3) 借地権付建物（賃貸）

図表３－５

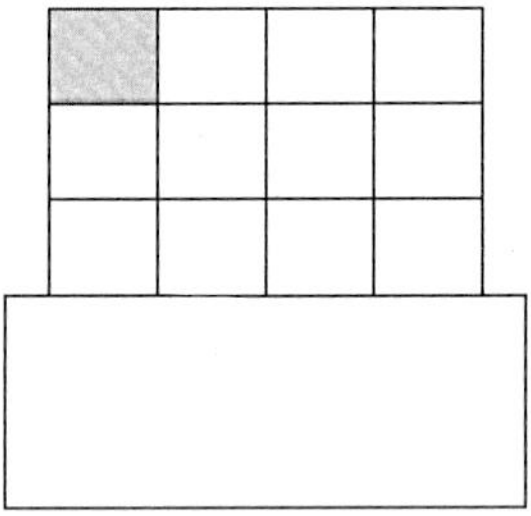

(4) 区分所有建物およびその敷地

《不動産の種別および類型・全体像》

《不動産の種別・全体像》

Ⅰ．地　域―1．宅地地域　2．農地地域　3．林地地域等…

Ⅱ．土　地―1．宅　地　2．農　地　3．林　地　4．見込地　5．移行地等

《不動産の類型・全体像》

Ⅰ．宅　地―1．更　地　2．建付地　3．借地権　4．底　地　5．区分地上権等

Ⅱ．建物およびその敷地

1．自用の建物およびその敷地

2．貸家およびその敷地

3．借地権付建物（自用・貸家）

4．区分所有建物およびその敷地

国家試験にチャレンジ！③（不動産鑑定士試験・２０１５年）

不動産の種別に関する次のイからホまでの記述のうち、正しいものをすべて掲げた組み合わせはどれか。

イ　宅地地域内にある土地は、その現況が畑であっても宅地である。
ロ　価格時点が1年異なれば、同じ土地でもその種別が異なる場合がある。
ハ　道路に面していない土地は、宅地とはいえない。
ニ　市街化調整区域には、宅地地域は存在しない。
ホ　日本の産業構造の変化と、地域の種別の転換や移行とは無関係である。

（1）イとロ　（2）イとニ　（3）ロとハ　（4）ハとホ　（5）ニとホ

【解答へのアクセス】

イ　○　正しい。
ロ　○　価格時点が1年異なれば、住宅地から商業地に変化する可能性がある。
ハ　×　接道していなくても、宅地地域内にある土地は宅地である。
ニ　×　市街化調整区域でも、既存宅地等、宅地地域は存在する可能性がある。
ホ　×　たとえば、工場の海外移転で工業地域から住宅地域へ移行することがある。

∴（1）が正解である。

国家試験にチャレンジ！④（不動産鑑定士試験・2018年）

不動産の種別および類型に関する次の記述のうち、誤っているものはどれか。

（1）不動産の種別とは、不動産の地域性に関して区分される不動産の分類をいい、不動産の類型とは、その有形的利用および権利関係の態様に応じて区分される不動産の分類をいう。

（2）地域の種別の1つとして、農地地域から宅地地域へ転換しつつある地域があることに留意すべきである。

（3）林地地域内にある土地は、畑として利用されても、土地の種別は林地となる。

（4）不動産の種類とは、不動産の種別および類型の二面からなる複合的な不動産の概念を示すものである。

（5）工業地域は、その規模、構成の内容等に応じてさらに細分化することも考えられる。

【解答へのアクセス】

（1）×　不動産の種別とは、不動産の**「用途」**に関して区分される不動産の分類をいう。

（2）・（3）・（4）○正しい。

（5）○　大工場地域・中工場地域・小工場地域等の細分化が考えられる。

∴（1）が正解である。

3．不動産の価格を形成する要因

不動産の価格を形成する要因（以下、**「価格形成要因」**という）とは、不動産の効用および相対的稀少性ならびに不動産に対する有効需要の三者に影響を与える要因をいう。不動産の価格は、多数の要因の相互作用の結果として形成されるものであるが、要因それ自体も常に変動する傾向を持っている。したがって、不動産の鑑定評価を行うに当たっては、価格形成要因を**市場参加者**の観点から明確に把握し、かつ、その推移および動向ならびに諸要因間の相互関係を十分に把握して、前記三者に及ぼすその影響を判定することが必要である。**価格形成要因は、一般的要因、地域要因および個別的要因**に分けられる。左記に主なものを例示する。

図表3－6

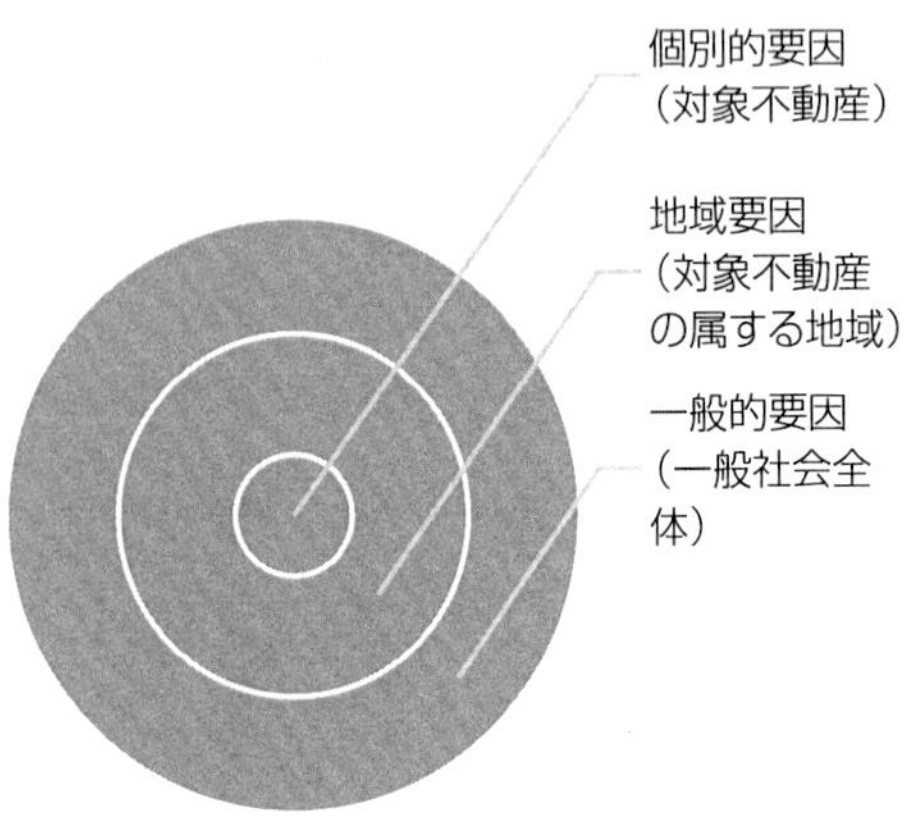

（1）一般的要因

一般経済社会における不動産のあり方およびその価格の水準に影響を与える要因をいう。それは、**自然的要因、社会的要因、経済的要因および行政的要因**に大別される。

① 自然的要因

ア　地質、地盤等の状態　イ　土壌および土層の状態　ウ　地勢の状態
エ　地理的位置関係　オ　気象の状態

② 社会的要因

ア　人口の状態　イ　家族構成および世帯分離の状態
ウ　都市形成および公共施設の整備の状態　エ　教育および社会福祉の状態
オ　不動産の取引および使用収益の慣行　カ　建築様式等の状態
キ　情報化の進展の状態　ク　生活様式等の状態

③ 経済的要因

ア　貯蓄、消費、投資および国際収支の状態　イ　財政および金融の状態
ウ　物価、賃金、雇用および企業活動の状態　エ　税負担の状態　オ　企業会計制度の状態　カ　技術革新および産業構造の状態　キ　交通体系の状態　ク　**国際化の状態**

④ 行政的要因

ア　土地利用に関する計画および規制の状態

イ　土地および建築物の構造、防災等に関する規制の状態
ウ　宅地および住宅に関する施策の状態　エ　不動産に関する税制の状態
オ　不動産の取引に関する規制の状態

(2) 地域要因

一般的要因の相関結合によって規模、構成の内容、機能等にわたる**各地域の特性**を形成し、その地域に属する不動産の価格の形成に全般的な影響を与える要因をいう。

① 宅地地域

ア　住宅地域

㋐ 日照、温度、湿度、風向等の気象の状態
㋑ **街路の幅員**、構造等の状態
㋒ 都心との距離および交通施設の状態
㋓ 商業施設の配置の状態
㋔ 上下水道、ガス等の供給・処理施設の状態
㋕ 情報通信基盤の整備の状態
㋖ 公共施設、公益的施設等の配置の状態
㋗ 汚物処理場等の嫌悪施設等の有無

(ケ) 洪水、地すべり等の災害の発生の危険性
(コ) 騒音、大気の汚染、土壌汚染等の公害の発生の程度
(サ) **各画地の面積、配置および利用**の状態
(シ) 住宅、生垣、街路修景等の街並みの状態
(ス) **眺望、景観**等の自然的環境の良否
(セ) 土地利用に関する計画および規制の状態

イ　商業地域（アの要因に加えて）

(ア) 商業施設または業務施設の種類、規模、集積度等の状態
(イ) 商業背後地および顧客の質と量
(ウ) 顧客および従業員の交通手段の状態
(エ) 商品の搬入および搬出の利便性
(オ) 街路の回遊性、アーケード等の状態
(カ) 営業の種別および競争の状態
(キ) 当該地域の経営者の創意と資力
(ク) 繁華性の程度および盛衰の動向
(ケ) **駐車施設の整備の状態**
(コ) **行政上の助成および規制の程度**

ウ　工業地域（アの要因に加えて）

㋐ 幹線道路、鉄道、港湾、空港等の輸送施設の整備の状況

㋑ 労働力確保の難易

㋒ 製品販売市場および原材料仕入市場との位置関係

㋓ 動力資源および用排水に関する費用

㋔ 関連産業との位置関係

㋕ 水質の汚濁、大気の汚染等の公害の発生の程度

㋖ **行政上の助成および規制の程度**

☞ 市場参加者の価値尺度

住宅地域	商業地域	工業地域
⬇ 快適性・利便性	⬇ 収益性	⬇ 生産効率性・費用経済性

② **農地地域**

㋐ 日照、温度、湿度、風雨等の気象の状態

㋑ 起伏、高低等の地勢の状態

㋒ 土壌および土層の状態

㋓ 水利および水質の状態

㋔ 洪水、地すべり等の災害の発生の危険性
㋕ 道路等の整備の状態
㋖ 集落との位置関係
㋗ 集荷地または産地市場との位置関係
㋘ 消費地との距離および輸送施設の状態
㋙ **行政上の助成および規制の程度**

③ **林地地域**

㋐ 日照、温度、湿度、風雨等の気象の状態
㋑ 標高、地勢等の状態
㋒ 土壌および土層等の状態
㋓ 林道等の整備の状態
㋔ 労働力確保の難易
㋕ **行政上の助成および規制の程度**

なお、ある種別の地域から他の種別の地域へと転換し、または移行しつつある地域については、転換し、または移行すると見込まれる**転換後または移行後**の種別の地域の地域要因をより重視すべきであるが、転換または移行の程度の低い場合においては、**転換前または移行前**の種別の地域内の地域要因をより**重視**すべきである

(3) 個別的要因

不動産に**個別性**を生じさせ、その価格を個別的に形成する要因をいう。

① 土　地

ア　宅　地

住宅地・商業地・工業地共通の個別的要因
㋐ 地勢、地質、地盤等
㋑ 間口、奥行、地積、形状等
㋒ 高低、角地その他の接面街路との関係
㋓ 接面街路の幅員、構造等の状態
㋔ 接面街路の系統および連続性
㋕ 上下水道、ガス等の供給・処理施設の有無およびその利用の難易
㋖ **情報通信基盤の利用の難易**
㋗ **埋蔵文化財および地下埋設物の有無ならびにその状態**
㋘ 土壌汚染の有無およびその状態
㋙ **公法上および私法上の規制、制約等**

㋐ 住宅地（右記共通要因に加えて）

・日照、通風および乾湿

・交通施設との距離
・商業施設との接近の程度
・公共施設、公益的施設等との接近の程度
・汚水処理場等の嫌悪施設との接近の程度
・隣接不動産等周囲の状態

(イ) 商業地(右記共通要因に加えて)
・商業地域の中心への接近性
・主要交通機関との接近性
・**顧客の流動の状態との適合性**
・隣接不動産等周囲の状態

(ウ) 工業地(右記共通要因に加えて)
・従業員の通勤等のための主要交通機関の接近性
・幹線道路、鉄道、港湾、空港等の輸送施設との位置関係
・電力等の動力資源の状態および引込の難易
・用排水等の供給
・処理施設の整備の必要性

イ　農地・林地

農地・林地共通の個別的要因	
㋐　日照、乾湿、雨量等の状態 ㋑　土壌および土層の状態 ㋒　**公法上および私法上の規制、制約等**	
農地地域のその他の個別的要因	林地地域のその他の個別的要因
・農道の状態　・灌漑用水の状態 ・耕うんの難易　・集落との接近の程度 ・集荷地との接近の程度 ・災害の危険性の程度	・標高、地勢等の状態 ・木材の搬出、運搬等の難易 ・管理の難易

ウ　見込地および移行地

見込地および移行地については、転換し、または移行すると見込まれる**転換後または移行後**の種別の地域内の土地の個別的要因をより重視すべきであるが、転換または移行の程度の低い場合においては、**転換前または移行前**の種別の地域内の土地の個別的要因をより**重視**（参考ではナイ！）すべきである

② 建　物

〔建物の**各用途に共通**する主なもの〕

㋐ 建築（新築、増改築等または移転）の年次

㋑ 面積、高さ、構造、材質等

㋒ **設計、設備等の機能性**

㋓ 施工の質と量

㋔ **耐震性、耐火性等建物の性能**

㋕ 維持管理の状態

㋖ 有害な物質の使用の有無およびその状態

㋗ **建物とその環境との適合の状態**

㋘ **公法上および私法上の規制、制約等**

なお、市場参加者が取引等に際して着目するであろう個別的要因が、建物の用途ごとに異なることに留意する必要がある。

③ **建物およびその敷地**

前記「土地に関する個別的要因」および「建物に関する個別的要因」に例示したもののほか、敷地内における建物、**駐車場**、通路、庭等の配置、建物と敷地の規模の対応関係等建物と敷地との適応の状態、修繕計画・管理計画の良否とその実施の状態がある。

さらに、賃貸用不動産に関する個別的要因には、**賃貸経営管理の良否**があり、その主なものを例示すれば、次のとおりである。

㋐ 賃借人の状況および賃貸借契約の内容

㋑ 貸室の稼働状況

㋒ 躯体・設備・内装等の資産区分および修繕費用等の負担区分

☞ 賃料の滞納の有無およびその他契約の履行状況、賃借人の属性（業種、企業規模等）、総賃貸可能床面積に占める主たる賃借人の賃貸面積の割合および賃貸借契約の形態等に特に留意する必要がある。

国家試験にチャレンジ！⑤（不動産鑑定士試験・２０１８年）

地域要因に関する次のイからホまでの記述のうち、正しいものをすべて掲げた組合せはどれか。

イ　地域要因を考察する場合、住宅地域では快適性や利便性に、商業地域では収益性に着眼点がおかれる。

ロ　土壌汚染等の公害の発生の程度については、工業地域の地域要因であるため、住宅地域での土地の価格形成に影響することはない。

ハ　高度商業地域や準高度商業地域において地域要因を考慮する場合、商業施設又は業務施設の種類、規模、集積度等の状態や商業背後地や顧客の質と量などに着眼点がおかれる。

ニ　農地地域の地域要因は、農業生産性に係る要因であり、洪水、地すべり等の災害の発生の危険性は、農地地域の土地の価格形成に影響することはない。

ホ　行政上の助成及び規制の程度は、商業地域の地域要因であり、工業地域においては考慮すべき地域要因ではない。

(1) イとロ　(2) イとハ　(3) ロとニ　(4) ハとホ　(5) ニとホ

【解答へのアクセス】

イおよびハが正しいので、(2) が正解である。

ロ　×　心理的嫌悪感や健康被害等の観点から価格形成に影響する。

ニ　×　農作物被害、安全性等の観点から価格形成に影響する。

ホ　×　行政上の助成および規制の程度は、**商業地域・工業地域・農地地域・林地地域において考慮すべき地域要因**である。

国家試験にチャレンジ！⑥（不動産鑑定士試験・2018年）

個別的要因に関する次の記述のうち、誤っているものはどれか。

（1）敷地内に建物や駐車場等が適切に配置されていることは、建物及びその敷地に関する個別的要因に該当する。

（2）既存商業地において、近年マンション建設が相当進んでおり、住宅地へと移行している地域等であっても、住宅地の個別的要因よりも商業地の個別的要因をより重視すべきである。

（3）アスベストを使用しているかどうかに関することは、建物に関する個別的要因に該当する。

（4）エレベーターや空調設備が旧式化していることや天井高が低いことは、建物に関する個別的要因に該当する。

（5）大規模修繕に係る修繕計画、管理委託先、管理サービスの内容等に関することは、建物及びその敷地に関する個別的要因に該当する。

【解答へのアクセス】

（1）、（3）～（5）○　正しい。

（2）×　見込地および移行地については、転換し、または移行すると見込まれる**転換後**

または移行後の種別の地域内の土地の個別的要因をより重視すべきであるが、転換または移行の程度の低い場合においては、転換前または移行前の種別の地域内の土地の個別的要因をより重視すべきである

∴（2）が正解である。

4. 不動産の価格に関する諸原則

不動産の鑑定評価は、その不動産の価格の形成過程を追求し、分析することを本質とするものであるから、不動産の経済価値に関する適切な最終判断に到達するためには、鑑定評価に必要な指針としてこれらの法則性を認識し、かつ、これらを具体的に現した以下の諸原則を活用すべきである。

これらの原則は、**一般の経済法則に基礎を置く**ものであるが、**鑑定評価の立場からこれを認識**し、表現したものである。なお、これらの原則は、孤立しているものではなく、**直接的または間接的に相互に関連**しているものであることに留意しなければならない。

(1) 需要と供給の原則

一般に財の価格は、その財の需要と供給との相互関係によって定まるとともに、その価格

は、また、その財の需要と供給とに影響を及ぼす。

不動産の価格もまた、その需要と供給との相互関係によって定まるのであるが、**不動産は他の財と異なる自然的特性および人文的特性を有する**ために、その需要と供給および価格の形成には、これらの特性の反映が認められる。

(2) 変動の原則

一般の財の価格は、その価格を形成する要因の変化に伴って変動する。

不動産の価格も、多数の価格形成要因の相互因果関係の組合せの流れである変動の過程において形成されるものである。したがって、不動産の鑑定評価に当たっては、価格形成要因が常に変動の過程にあることを認識して、各要因間の相互因果関係を動的に把握すべきである。

特に、不動産の最有効使用を判定するためには、この変動の過程を分析することが必要である。

(3) 代替の原則

代替性を有する2つ以上の財が存在する場合には、これらの財の価格は、相互に影響を及ぼして定まる。不動産の価格も代替可能な**他の不動産または財**の価格と相互に関連して形成される。

（4）最有効使用の原則

不動産の価格は、その不動産の効用が最高度に発揮される可能性に最も富む使用（以下「**最有効使用**」という）を前提として把握される価格を標準として形成される。この場合の最有効使用は、現実の社会経済情勢の下で客観的にみて、**良識と通常の使用能力**を持つ人による**合理的かつ合法的な最高最善の使用方法**に基づくものである。

なお、ある不動産についての現実の使用方法は、必ずしも最有効使用に基づいているものではなく、不合理なまたは個人的な事情による使用方法のために、当該不動産が十分な効用を発揮していない場合があることに留意すべきである。

☞ 最有効使用とは、**最も収益をあげる使用とは限らない！**

（5）均衡の原則

不動産の収益性または快適性が最高度に発揮されるためには、その構成要素の組合せが均衡を得ていることが必要である。したがって、不動産の最有効使用を判定するためには、この均衡を得ているかどうかを分析することが必要である。

（6）収益逓増および逓減の原則

ある単位投資額を継続的に増加させると、これに伴って総収益は増加する。しかし、増加させる単位投資額に対応する収益は、ある点までは増加するが、その後は減少する。この原則は不動産に対する追加投資の場合についても同様である。

（7）収益配分の原則

土地、資本（資産ではない！）、労働および経営（組織）の各要素の結合によって生ずる総収益は、これらの各要素に配分される。したがって、このような総収益のうち、資本、労働および経営（組織）に配分される部分以外の部分は、**それぞれの配分が正しく行われる限り**、土地に帰属するものである。

（8）寄与の原則

不動産のある部分がその不動産全体の収益獲得に寄与する度合いは、その不動産全体の価格に影響を及ぼす。この原則は、**不動産の最有効使用の判定**に当たっての不動産の**追加投資の適否の判定**等に有用である。

(9) 適合の原則

不動産の収益性または快適性が最高度に発揮されるためには、当該不動産がその環境に適合していることが必要である。したがって、不動産の最有効使用を判定するためには、当該不動産が環境に**適合**しているかどうかを分析することが必要である

(10) 競争の原則

一般に、**超過利潤は競争を惹起**し、競争は超過利潤を減少させ、終局的にはこれを消滅させる傾向を持つ。不動産についても、その利用による超過利潤を求めて、不動産相互間または他の財との間において競争関係が認められ、したがって、不動産の価格は、このような競争の過程において形成される。

(11) 予測の原則

財の価格は、その財の将来の収益性等についての予測を反映して定まる。不動産の価格も、価格形成要因の変動についての**市場参加者による予測によって左右**される。

鉄則 **最有効使用の原則、均衡の原則、および適合の原則は、鑑定評価固有の原則である。**

国家試験にチャレンジ！⑦（不動産鑑定士試験・2019年）

不動産の価格に関する諸原則に関する次の記述のうち、正しいものはどれか。

（1）不動産の最有効使用は、現実の社会情勢の下で客観的にみて、不動産の効用を最高度に発揮することができる特別の使用能力を持つ人による合理的かつ合法的な最高最善の使用方法に基づくものである。

（2）不動産の価格は主として代替可能な他の不動産の価格と相互に関連して形成されるものであり、不動産以外の他の財の価格による影響は限定的である。

（3）不動産の価格に関する諸原則は、鑑定評価の立場から認識し、表現したものであり、一般の経済法則との関連性は小さい。

（4）不動産は他の財と異なる自然的特性及び人文的特性を有するために、その需要と供給及び価格の形成には、これらの特性の反映が認められる。

（5）市場参加者が不動産の価格形成要因の変動を予測することは限界が伴うことから、市場参加者による予測によって不動産の価格が左右されることはない。

【解答へのアクセス】

（1）×　「特別の使用能力を持つ人」ではなく、**「良識と通常の使用能力を持つ人」**である。

（2）× 不動産以外の他の財（ex.金融商品・貴金属等）による影響はあり、**限定的ではない。**

（3）× **一般の経済法則に基礎を置く**ものである。

（4）〇 正しい。

（5）× 市場参加者による予測によって**左右される。**

∴（4）が正解である。

なお、不動産の価格に関する諸原則についての内容説明は、『ゼロからの不動産学講義』（相川眞一著・創成社）を参照していただきたい。

5．鑑定評価の基本的事項

不動産の鑑定評価に当たっては、基本的事項として、**対象不動産、価格時点および価格または賃料の種類を確定**しなければならない。

(1) 対象不動産の確定

不動産の鑑定評価を行うに当たっては、まず、鑑定評価の対象となる土地または建物等を物的に確定することのみならず、鑑定評価の対象となる所有権および所有権以外の権利を確定する必要がある。

対象不動産の確定は、鑑定評価の対象を明確に他の不動産と区別し、特定することであり、それは不動産鑑定士が鑑定評価の依頼目的および条件に照応する対象不動産と**当該不動産の現実の利用状況**とを照合して確認するという実践行為を経て最終的に確定されるべきものである。

対象不動産の確定に当たって必要となる鑑定評価の条件を対象確定条件という。対象確定条件は、依頼目的に応じて次のような条件がある。

① 不動産が土地のみの場合または土地および建物等の結合により構成されている場合において、その状態を所与として鑑定評価の対象とすること。

② 不動産が土地および建物等の結合により構成されている場合において、その土地のみを建物等が存しない独立のもの（更地）として鑑定評価の対象とすること（この場合の鑑定評価を**独立鑑定評価**という）。

③ 不動産が土地および建物等の結合により構成されている場合において、その状態を所与として、その不動産の構成部分を鑑定評価の対象とすること（この場合の鑑定評価を**部分**

鑑定評価という）。

④　不動産の併合または分割を前提として、併合後または分割後の不動産を単独のものとして、鑑定評価の対象とすること（この場合の鑑定評価を**併合鑑定評価または分割鑑定評価**という）。

⑤　造成に関する工事が完了していない土地または建築に関する工事（建物を新築するもののほか、増改築等を含む）が完了していない建物について、当該工事の完了を前提として鑑定評価の対象とすること（この場合の鑑定評価を**未竣工建物鑑定評価**という）。

対象不動産について、依頼目的に応じ対象不動産に係る価格形成要因のうち**地域要因または個別的要因について想定上の条件を設定**する場合がある。この場合には、設定する想定上の条件が鑑定評価書の利用者の利益を害するおそれがないかどうかの観点に加え、特に実現性および合法性の観点から妥当なものでなければならない。一般に、地域要因について想定上の条件を設定することが妥当と認められる場合は、計画および諸規制の変更、改廃に権能を持つ公的機関の設定する事項に主として限られる。

(2)　価格時点の確定

価格形成要因は、時の経過により変動するものであるから、不動産の価格はその判定の基準となった日においてのみ妥当するものである。したがって、不動産の鑑定評価を行うに当たっては、不動産の価格の判定の基準日を確定する必要があり、この日を**価格時点**という。また、賃料の価格時点は、賃料算定の期間の収益性を反映するものとして、その期間の**期首**となる。価格時点は、鑑定評価を行った年月日を基準にして**現在の場合（現在時点）**、**過去の場合（過去時点）**、**将来の場合（将来時点）**に分けられる。

（3）鑑定評価によって求める価格または賃料の種類の確定

① 価　格

不動産の鑑定評価によって求める価格は、**基本的には正常価格**であるが、鑑定評価の依頼目的に対応した条件により限定価格、特定価格または特殊価格を求める場合があるので、依頼目的に対応した条件を踏まえて価格の種類を適切に判断し、明確にすべきである。なお、評価目的に応じ、特定価格として求めなければならない場合があることに留意しなければならない。

（ア）正常価格

市場性を有する不動産について、現実の社会経済情勢の下で合理的と考えられる条件を満たす市場で形成されるであろう市場価値を表示する適正な価格をいう。この場合において、現実の社会経済情勢の下で合理的と考えられる条件を満たす市場とは、以下の条件を満たす市場をいう。

㋐　市場参加者が自由意思に基づいて市場に参加し、参入、退出が自由であること。なお、ここでいう市場参加者は、自己の利益を最大化するため次のような要件を満たすとともに、慎重かつ賢明に予測し、行動するものとする。

・売り急ぎ、買い進み等をもたらす特別な動機のないこと。

・対象不動産および対象不動産が属する市場について、取引を成立させるために必要となる通常の知識や情報を得ていること。

・取引を成立させるために通常必要と認められる労力、費用を費やしていること。

・対象不動産の**最有効使用**を前提とした価値判断を行うこと。

・買主が通常の資金調達能力を有していること。

㋑　取引形態が、市場参加者が制約されたり、売り急ぎ、買い進み等を誘引したりするような特別なものではないこと。

㋒　対象不動産が相当の期間市場に公開されていること。

(イ)　限定価格

市場性を有する不動産について、不動産と取得する他の不動産との併合または不動産の一部を取得する際の分割等に基づき、正常価格と同一の市場概念の下において形成されるであろう市場価値と**乖離する**ことにより、市場が相対的に限定される場合における取得部分の当該市場限定に基づく市場価値を適正に表示する価格をいう。
限定価格を求める場合を例示すれば、次のとおりである。
㋐ 借地権者が底地の併合を目的とする売買に関連する場合
㋑ 隣接不動産の併合を目的とする売買に関連する場合
㋒ 経済的合理性に反する不動産の分割を前提とする売買に関連する場合

(ウ) 特定価格

市場性を有する不動産について、法令等による社会的要請を背景とする鑑定評価目的の下で、正常価格の前提となる諸条件を満たさないことにより、正常価格と同一の市場概念の下において形成されるであろう市場価値と**乖離する**こととなる場合における不動産の経済価値を適正に表示する価格をいう。

特定価格を求める場合を例示すれば、次のとおりである。
㋐ 証券化不動産に係る鑑定評価目的の下で、投資家に示すための投資採算価値を表す価格を求める場合（第6章参照）
㋑ **民事再生法**に基づく鑑定評価目的の下で、**早期売却**を前提とした価格を求める場合
㋒ **会社更生法または民事再生法**に基づく鑑定評価目的の下で、**事業の継続を前提**とした価格を求める場合

☞ ㋒の鑑定評価に際しては、対象不動産の利用現況を所与とすることにより、前提と

する使用が**最有効使用と異なる場合には特定価格**として求めなければならない。

(エ) 特殊価格

文化財等の一般的に**市場性を有しない**不動産について、その利用現況等を前提とした不動産の経済価値を適正に表示する価格をいう。

特殊価格を求める場合を例示すれば、**文化財の指定を受けた建造物、宗教建築物または現況による管理を継続する公共公益施設の用に供されている不動産**について、その**保存等を主眼**においた鑑定評価を行う場合である。

☞ 用途変更・建物取壊し可能なケースは、市場性が回復するため、正常価格となる。

② 賃　料

不動産の鑑定評価によって求める賃料は、**一般的には正常賃料または継続賃料**であるが、鑑定評価の依頼目的に対応した条件により限定賃料を求めることができる場合があるので、依頼目的に対応した条件を踏まえてこれを適切に判断し、明確にすべきである。

(ア) 正常賃料

正常価格と同一の市場概念の下において新たな賃貸借等(賃借権もしくは地上権または地役権に基づき、不動産を使用し、または収益することをいう)の契約において成立するであろう経済価値を表示する適正な賃料(新規賃料)をいう。

（イ）限定賃料

限定価格と同一の市場概念の下において新たな賃貸借等の契約において成立するであろう経済価値を適正に表示する賃料（新規賃料）をいう。

限定賃料を求めることができる場合を例示すれば、次のとおりである。

㋐ 隣接不動産の併合使用を前提とする賃貸借等に関連する場合

㋑ 経済合理性に反する不動産の分割使用を前提とする賃貸借等に関連する場合

（ウ）継続賃料

不動産の賃貸借等の継続に係る特定の当事者間において成立するであろう経済価値を適正に表示する賃料をいう。

国家試験にチャレンジ！⑧（不動産鑑定士試験・２０１４年）

対象不動産の確定と不動産の類型に関する次の記述のうち、正しいものはどれか。

（1）不動産が土地及び建物等の結合により構成されている場合において、その状態を所与として鑑定評価の対象とするときの不動産の類型は、自用の建物及びその敷地又は貸家及びその敷地のいずれかである。

（2）建付地の鑑定評価は、独立鑑定評価である。

（3）借家権の鑑定評価は、部分鑑定評価である。
（4）底地の所有者が、借地権を併合することを前提として、併合後の不動産を単独のものとして鑑定評価の対象とすることを併合鑑定評価という。
（5）区分所有建物及びその敷地の鑑定評価は、部分鑑定評価である。

【解答へのアクセス】
（1）× 自用の建物およびその敷地または貸家およびその敷地だけでなく、借地権付建物や区分所有建物およびその敷地も含まれる。
（2）× 建付地の鑑定評価は、**「部分」**鑑定評価である。
（3）× 借家権の鑑定評価は、**「現況を所与とした鑑定評価」**である。
（4）○ 正しい。
（5）× 区分所有建物およびその敷地の鑑定評価は、**「現況を所与とした鑑定評価」**である。
∴（4）が正解である。

国家試験にチャレンジ！⑨（不動産鑑定士試験・2017年）

価格又は賃料の種類に関する次の記述のうち、正しいものはどれか。
（1）会社法上の現物出資の目的となる不動産の鑑定評価は、法令等による社会的要請を背景とする鑑定評価目的であることから、求める価格の種類が特定価格となる場合がある。
（2）民事再生法に基づく鑑定評価目的の下で、事業の継続を前提とした価格を求める場合においては、いかなる場合も求める価格の種類は特定価格となる。
（3）隣接地の併合を目的とする売買に関連して行う鑑定評価においては、いかなる場合も求める価格の種類は限定価格となる。
（4）不動産の賃貸借等の継続に係る特定の当事者間において成立するであろう経済価値を適正に表示する賃料の種類を、限定賃料という。
（5）現実の社会経済情勢の下で合理的と考えられる条件を満たす市場であることの条件の1つとして、取引形態が、市場参加者が制約されたり、売り急ぎ、買い進み等を誘引したりするような特別なものではないことが挙げられる。

【解答へのアクセス】
（1）×　現物出資の目的となる不動産の鑑定評価は、「正常価格の前提条件を満たさない場合の法令等による社会的要請」はないので、通常、求める価格の種類は「正常価格」となる。
（2）×　前提とする使用が**最有効使用と一致する場合は、「正常価格」**となる。

(3)× 正常価格と同一の市場概念の下において形成されるであろう市場価値と乖離する場合でなければ、「正常価格」となる。

(4)× 不動産の賃貸借等の継続に係る特定の当事者間において成立するであろう経済価値を適正に表示する賃料の種類は、**「継続賃料」**という。

(5)○ 正しい。

∴(5)が正解である。

6. 地域分析および個別分析

対象不動産の地域分析および個別分析を行うに当たっては、まず、それらの基礎となる一般的要因がどのような具体的な影響力を持っているかを的確に把握しておくことが必要である。

(1) 地域分析

①その対象不動産(鑑定評価をしようとする不動産)がどのような地域に存するか、②その地域はどのような特性を有するか、また、③対象不動産に係る市場はどのような特性を有するか、および④それらの特性はその地域内の不動産の利用形態と価格形成について全般的にどのような影響力を持っているかを分析し、判定することをいう。

地域分析に当たって特に重要な地域は、用途的観点から区分される地域（以下、「**用途的地域**」という）すなわち**近隣地域**およびその**類似地域**と、近隣地域およびこれと相関関係にある類似地域を含むより広域的な地域、すなわち**同一需給圏**である。

☞ 同一需給圏

一般に対象不動産と代替関係が成立して、その価格の形成について相互に影響を及ぼすような関係にある他の不動産の圏域をいう。それは、近隣地域を含んでより広域的であり、近隣地域と相関関係にある類似地域等の存する範囲を規定するものである。

また、近隣地域の特性は、通常、その地域に属する不動産の一般的な**標準的使用**に現れるが、この標準的使用は、利用形態からみた地域相互間の相対的位置関係および価格形成を明らかにする手掛りとなるとともに、その地域に属する不動産のそれぞれについての最有効使用を判定する有力な標準となるものである。

なお、不動産の属する地域は固定的なものではなく、地域の特性を形成する地域要因も常に変動するものであることから、地域分析に当たって、**対象不動産に係る市場の特性**の把握の結果を踏まえて地域要因および標準的使用の現状と将来の**動向**とをあわせて分析し、**標準的使用を判定**しなければならない。

☞ 近隣地域の地域分析

まず対象不動産の存する近隣地域を明確化し、次いでその近隣地域がどのような特性を有するかを把握することである。この対象不動産の存する近隣地域の明確化およびその近隣地域の特性の把握に当たっては、対象不動産を中心に外延的に広がる地域について、対象不動産に係る市場の特性を踏まえて地域要因をくり返し調査分析し、その異同を明らかにしなければならない。

近隣地域の地域分析においては、対象不動産の存する近隣地域に係る要因資料についての分析を行うことになるが、この分析の前提として、**対象不動産に係る市場の特性**や近隣地域を含むより広域的な地域に係る地域要因を把握し、分析しなければならない。このためには、日常から広域的な地域に係る要因資料の収集、分析に努めなければならない。

☞ 近隣地域の範囲の判定についての留意事項

① **自然的状態に係るもの**

ア 河　川

川幅が広い河川等は、土地、建物等の連たん性および地域の一体性を分断する場合があること。

イ 山岳および丘陵

河川と同様、土地、建物等の連たん性および地域の一体性を分断するほか、日照、通風、乾湿等に影響を及ぼす場合があること。

ウ　地勢、地質、地盤等

日照、通風、乾湿等に影響を及ぼすとともに、居住、商業活動等の土地利用形態に影響を及ぼすこと。

② **人文的状態に係るもの**

ア　行政区域

行政区域の違いによる道路、水道その他の公共施設および学校その他の公益的施設の整備水準ならびに公租公課等の負担の差異が土地利用の利便性等に影響を及ぼすこと。

イ　公法上の規制等

都市計画法等による土地利用の規制内容が土地利用形態に影響を及ぼすこと。

ウ　鉄道、公園等

土地、建物等の連たん性および地域の一体性を分断する場合があること。

エ　道路

広幅員の道路等は、土地、建物等の連たん性および地域の一体性を分断する場合があること。

(2) 個別分析

不動産の価格は、その不動産の最有効使用を前提として把握される価格を標準として形成されるものであるから、不動産の鑑定評価を行うに当たっては、対象不動産の最有効使用を判定する必要がある。**個別分析**とは、対象不動産の個別的要因が対象不動産の利用形態と価格形成についてどのような影響力を持っているかを分析して、その**最有効使用**を判定することをいう。

不動産の最有効使用の判定に当たっては、次の事項に留意すべきである。

① **良識と通常の使用能力**を持つ人が採用するであろうと考えられる使用方法であること。

② 使用収益が将来、相当の期間にわたって持続し得る使用方法であること。

③ 効用を十分に発揮し得る時点が予測し得ない将来でないこと。

④ 個々の不動産の最有効使用は、一般に近隣地域の特性の制約下にあるので、個別分析に当たっては、特に近隣地域に存する不動産の標準的使用との相互関係を明らかにし判定することが必要であるが、対象不動産の位置、規模、環境等によっては、標準的使用の用途と異なる用途の可能性が考えられるので、こうした場合には、それぞれの用途に対応した個別的要因の分析を行った上で最有効使用を判定すること。

⑤ 価格形成要因は常に変動の過程にあることを踏まえ、特に価格形成に影響を与える地域要因の変動が客観的に予測される場合には、当該変動に伴い対象不動産の使用方法が変化する可能性があることを勘案して最有効使用を判定すること。

国家試験にチャレンジ！⑩（不動産鑑定士試験・2018年）

地域分析及び個別分析に関する次の記述のうち、誤っているものはどれか。

(1) 地域分析及び個別分析を行うに当たっては、まず、それらの基礎となる一般的要因がどのような具体的な影響力を持っているかを的確に把握しておくことが必要である。

(2) 近隣地域の地域分析は、まず対象不動産の存する近隣地域を明確化し、次いでその近隣地域がどのような特性を有するかを把握することである。

(3) 市場の特性の把握に当たっては、平素から取引等の情報を収集し、あわせて地域経済や不動産市場の推移及び動向に関する公表資料を幅広く収集し、分析することが重要である。

(4) 近隣地域の地域分析においては、対象不動産の存する近隣地域に係る要因資料についての分析を行うことになるが、当該要因資料としては住宅地図、地形図、都市計画図等が挙げられる。

(5) 同一需給圏外に存する不動産であっても、対象不動産とその用途、規模、品等の類似性に基づいて、これら相互の間に代替、競争等の関係が成立する。

【解答へのアクセス】
(1)~(4) ○ 正しい。
(5) × 同一需給圏外に存する不動産と対象不動産との間に代替、競争等の関係が**成立しない**。
∴ (5) が正解である。

7. 鑑定評価の方式

不動産の鑑定評価の方式には、原価方式、比較方式および収益方式の三方式（三方式は、理論的には一致すべきである）がある。原価方式は不動産の再調達（建築、造成等による新規の調達をいう）に要する原価に着目して、比較方式は不動産の取引事例または賃貸借等の事例に着目して、収益方式は不動産から生み出される収益に着目して、それぞれ不動産の価格または賃料を求めようとするものである。

(1) 価格を求める鑑定評価の手法

不動産の価格を求める鑑定評価の基本的な手法は、**原価法、取引事例比較法および収益還元法**に大別され、このほかこれら三手法の考え方を活用した**開発法**等の手法がある。

〔試算価格を求める場合の一般的留意事項〕

価格形成要因のうち一般的要因は、不動産の価格形成全般に影響を与えるものであり、鑑定評価手法の適用における各手順において常に考慮されるべきものであり、価格判定の妥当性を検討するために活用しなければならない。

鑑定評価の各手法の適用に当たって必要とされる事例には、原価法の適用に当たって必要な建設事例、取引事例比較法の適用に当たって必要な取引事例および収益還元法の適用に当たって必要な収益事例（以下、「取引事例等」という）がある。取引価格等は、鑑定評価の各手法に即応し、適切にして合理的な計画に基づき、豊富に秩序正しく収集し、選択すべきであり、**投機的取引**であると認められる事例等適正さを欠くものであってはならない。

取引価格等は、次の要件の全部を備えるもののうちから選択するものとする。

① 次の不動産に係るものであること。

㋐ 近隣地域または同一需給圏の類似地域もしくは必要やむを得ない場合には近隣地域の周辺の地域（以下、「同一需給圏内の類似地域等」という）に存する不動産

㋑ 対象不動産の最有効使用が標準的使用と異なる場合等において、同一需給圏内に存し対象不動産と代替、競争等の関係が成立していると認められる不動産（以下、「同一需給圏内の代替競争不動産」という）

② 取引価格等に係る取引等の事情が正常なものと認められるものであること、または正常

なものに補正することができるものであること。

③　時点修正をすることが可能なものであること。

④　地域要因の比較および個別的要因の比較が可能なものであること。

(2) 事情補正

取引事例等に係る取引等が特殊事情を含み、これが当該取引事例等に係る価格等に影響を及ぼしているときは適切に補正しなければならない。

①　現実に成立した取引事例等には、不動産市場の特性、取引等における当事者双方の能力の多様性と特別の動機により売り急ぎ、買い進み等の特殊な事情が存在する場合もあるので、取引事例等がどのような条件の下で成立したものであるかを資料の分析に当たり十分に調査しなければならない。

②　特殊な事情とは、正常価格を求める場合には、正常価格の前提となる現実の社会経済情勢の下で合理的と考えられる諸条件を欠くに至らしめる事情のことである。

(3) 時点修正

取引事例等に係る取引等の時点が価格時点と異なることにより、その間に価格水準に変動があると認められる場合には、当該取引事例等の価格等を価格時点の価格水準に修正しなければならない。

A　原価法

価格時点における対象不動産の**再調達原価**を求め、この再調達原価について**減価修正**を行って対象不動産の試算価格を求める手法である（この手法による試算価格を**積算価格**という）。対象不動産が建物または建物およびその敷地である場合において、再調達原価の把握および減価修正を適切に行うことができるときに有効であり、対象不動産が土地のみの場合においても、再調達原価を適切に求めることができるときはこの手法を適用することができる。

再調達原価とは、対象不動産を価格時点において再調達することを想定した場合において必要とされる適正な原価の総額をいう。なお、建設資材、工法等の変遷により、対象不動産の再調達原価を求めることが困難な場合には、対象不動産と同等の有用性を持つものに置き換えて求めた原価（**置換原価**）を再調達原価とみなすものとする。

減価修正の方法には、**耐用年数に基づく方法および観察減価法の2つの方法があり、これらを併用**するものとする。

B　取引事例比較法

まず多数の取引事例を収集して適切な事例の選択を行い、これらに係る取引価格に必要に応じて**事情補正**および**時点修正**を行い、かつ、地域要因の比較および個別的要因の比較を行って求められた価格を比較考量し、これによって対象不動産の試算価格を求める手法である（この手法による試算価格を**比準価格**という）。

取引事例は、原則として近隣地域または同一需給圏内の類似地域に存する不動産に係るもののうちから選択するものとし、必要やむを得ない場合には近隣地域の周辺の地域に存する不動産に係るもののうちから、対象不動産の最有効使用が標準的使用と異なる場合等には、同一需給圏内の代替競争不動産に係るもののうちから選択するものとするほか、次の要件の全部を備えなければならない。

① 取引事情が正常なものと認められるものであること、または正常なものに補正することができるものであること。

☞ 投機的取引に係る事例はダメ！

② 時点修正をすることが可能なものであること。

③ 地域要因の比較および個別的要因の比較が可能なものであること。

☞ この手法の適用に当たっては、多数の取引事例を収集し、価格の指標となり得る事例の選択を行わなければならないが、その有効性を高めるため、取引事例はもとより、売り希望価格、買い希望価格、精通者意見等の資料を幅広く収集するよう努めるものとする。

取引事例が**特殊な事情**を含み、これが当該事例に係る取引価格に影響していると認められるときは、適切に補正を行い（事情補正）、取引事例に係る取引の時点が価格時点と異なることにより、その間に**価格水準の変動があると認められるとき**は、当該事例の価格を価格時点の価格に修正しなければならない（時点修正）。

☞ 特殊な事情

ア **減額**すべき事情（主なもの）

㋐ 営業上、場所的限定等、特殊な使用方法を前提として取引が行われたとき。

㋑ 買手が不動産に関し明らかに知識や情報が不足している状態において、過大な額で取引が行われたとき。

イ **増額**すべき事情

㋐ 売手が不動産に関し明らかに知識や情報が不足している状態において、過小な額で取引が行われたとき。

㋑ 相続、転勤等により**売り急いで**取引が行われたとき。

ウ **減額または増額**すべき事情

㋐ 金融逼迫（ひっぱく）、倒産時における法人間の恩恵的な取引または知人、親族間等人間関係による恩恵的な取引が行われたとき。

㋑ 不相応な造成費、修繕費等を考慮して取引が行われたとき。

㋒ 調停、清算、競売、公売等において価格が成立したとき。

☞ 時点修正率

- （原則）価格時点以前に発生した多数の取引事例について時系列な分析を行い、さらに国民所得の動向、財政事情および金融情勢、公共投資の動向、建築着工の動向、不動産取引の推移等の社会的および経済的要因の変化、土地利用の規制、税制等の行政的要因の変化等の一般的要因の動向を勘案して求めるべきである。
- （例外）地価公示、都道府県地価調査等の資料を活用するとともに、適切な取引事例が乏しい場合には、売り希望価格、買い希望価格等の動向および市場の需給の動向等に関する諸資料を参考として用いることができるものとする。

C　収益還元法

対象不動産が将来生み出すであろうと期待される純収益の現在価値の総和を求めることにより、対象不動産の試算価格を求める手法である（この手法による試算価格を**収益価格**という）。

収益還元法は、**賃貸用不動産または賃貸以外の事業の用に供する不動産の価格を求める場合に特に有効**である。

また、不動産の価格は、一般に当該不動産の収益性を反映して形成されるものであり、収益は、不動産経済価値の本質を形成するものである。したがって、この手法は、**文化財の指定を受けた建造物等の一般的に市場性を有しない不動産以外のものにすべて適用すべき**ものであり、**自用の不動産といえども賃貸を想定することにより適用される**ものである。

なお、市場における**不動産の取引価格の上昇が著しいとき**は、取引価格と収益価格との**乖離が増大**するものであるので、**先走りがちな取引価格に対する有効な験証手段**として、この手法が活用されるべきである。

収益価格を求める方法には、一期間の純収益を還元利回りによって還元する方法（以下**「直接還元法」**という）と、連続する複数の期間に発生する純収益および復帰価格を、その発生時期に応じて現在価値に割り引き、それぞれ合計する方法（Discounted Cash Flow 法（以下、**「DCF法」**という））がある。これらの方法は、**基本的には次の式**により表される。

（1）直接還元法（基本的方法）

$$P = \frac{a}{R}$$

P：求める不動産の収益価格、a：一期間の純収益、R：還元利回り

直接還元法では、**収益価格＝1年間の純収益÷還元利回り**が使用される。純収益とは、収益から費用を差し引いたものを指し、純収益は永久に続くとみなされるので、**永久還元法**ともいわれる。また、還元利回りとは、その不動産から得られる投資利回りのことで、**利回りとは、投資額に対する一期間（通常1年間）の利益の割合**をいう。たとえば、１００万円を投資して10万円の利益を得られるなら、10万円÷１００万円＝10％となる。

不動産の場合、周辺地域の類似物件や販売中の物件の利回りや宅建業者が公表しているエリアごとの利回りデータを参考にすることが多い。

《設例・直接還元法》

1年間の収益が100万円、1年間の費用が30万円、還元利回りが5％と査定される不動産の収益価格を直接還元法で求めればいくらか。

100万円－30万円＝70万円（純収益）

70万円÷0.05＝1、400万円（収益価格）

(2) DCF法

$$P=\sum_{k=1}^{n}\frac{a_k}{(1+Y)^k}+\frac{P_R}{(1+Y)^k}$$

P：求める不動産の収益価格、a_k：毎期の純収益、Y：割引率

n：保有期間（売却を想定しない場合には分析期間。以下同じ）

P_R：復期価格

復期価格とは、保有期間の満了時点における対象不動産の価格をいい、基本的には次の式により表される。

$$P_R = \frac{a_{n+1}}{R_n}$$

a_{n+1}：n＋1期の純収益

R_n：保有期間の満了時点における還元利回り（最終還元利回り）

ゲゲッ…！　数式はチンプンカンプン!!　という方は、左記をお読みいただきたい。

DCF法とは、**「一定期間の純収益」**を割引率で現在価値に割り引いた価値、さらに一定期間経過後に売却を想定した**「復帰価格」**を割引率で割り引いた価値を合計して価格を求める手法である。なぜ、割り引くのか!?

同じ100万円であっても、将来得られる「であろう」100万円より、現在得られる100万円のほうが価値は高いからである。今100万円を得られれば、その100万円を投資等にまわすことでさらに利益を得られる。1年後に100万円を得られるとしても、**首都圏直下地震や富士山の噴火でその不動産が使い物にならなくなる**かもしれない。テナントが夜逃げするかもしれない。将来の純収益には、**リスクが伴う**。したがって、将来の純収益を現在の価格に置き換えるには、割り引く必要がある。

《設例・DCF法》

1年間の純収益が100万円、5年後の売却額が800万円、割引率が5％と査定される不動産の収益価格を、DCF法で求めればいくらか。

1年目の収益を現在価値に割り引くと、

100万円÷（1＋0・05）≒95万円

つまり、現在価値95万円を利回り5％で投資すると、1年後には約100万円になるということである。

2年目の収益を現在価値に割り引くと、

100万円÷（1＋0・05）÷（1＋0・05）≒91万円となる。

同様に、3年目の収益を現在価値に割り引くと約86万円、4年目の収益を現在価値に割り引くと約82万円、5年目の収益を現在価値に割り引くと約78万円となる。

すなわち、将来の純収益を現在価値に割り引くと、

95万円＋91万円＋86万円＋82万円＋78万円≒432万円　となる。…………（1）

また、5年後の売却額の800万円を現在価値に割り引くと、

800万円÷（1＋0・05）÷（1＋0・05）÷（1＋0・05）÷（1＋0・05）÷（1＋0・05）≒626・8万円　となる。…………（2）

∴この不動産の収益価格は、

（1）＋（2）≒1、058・8万円となる。

割引率を考慮せずに計算すると1、300万円なので、約20％の差が生じる。

図表3－7　純収益と復帰価格の現在価値

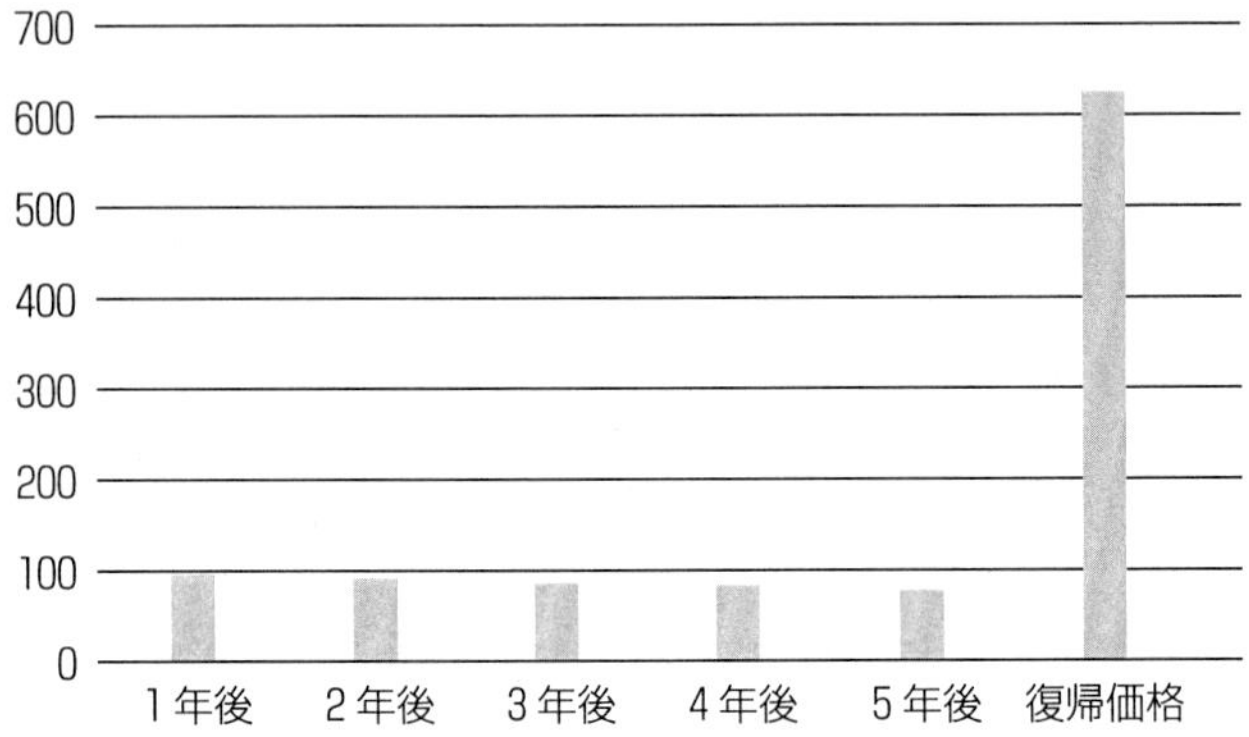

実務では、割引率を見積もる場合、地価の上昇下落・固定資産税や都市計画税の上昇・修繕費の計上時期等を考慮する。災害等のリスクが上昇下降すれば、割引率5％が8％や2％になることもあり得る。

ここで、収益還元法を体系的に整理する。まず、資料の範囲・依頼目的等で、**直接還元法**と**DCF法**に大別される。

次に、純収益の継続性等で、**永久還元法と有期還元法**に分類される。

さらに、永久還元法は、対象不動産の類型に応じて、基本式、土地残余法および建物残余法に細分化される。

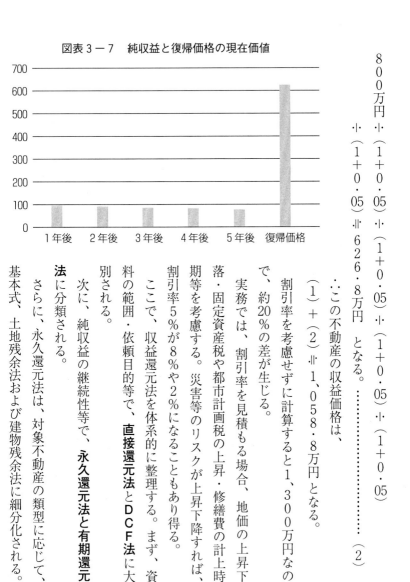

☞ 土地残余法

建物および土地の償却前の純収益 − 建物帰属の純収益 ＝ 土地帰属純収益を求める。**純収益は、価格 × 還元利回り** で算出される。

① **土地帰属の純収益 ÷ 土地の還元利回り ＝ 土地の収益価格**

図表３−８　収益還元法の分類

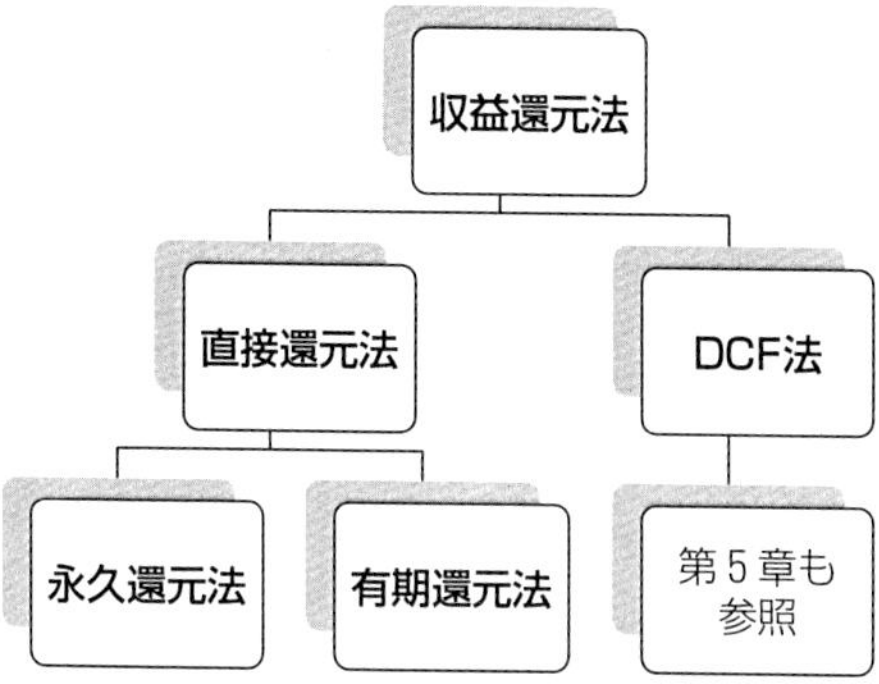

図表３−９　永久還元法の分類

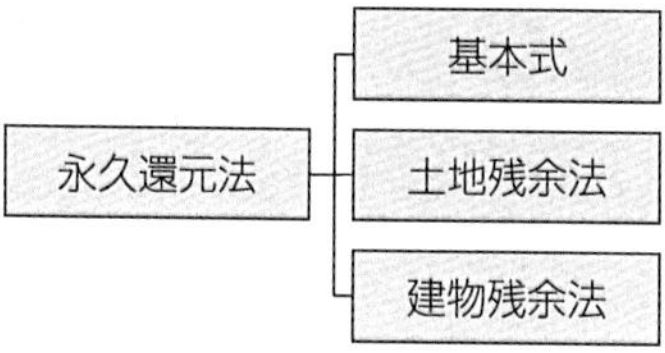

図表３−10　計算式

手　法	計　算　式
基　本　式	純収益÷還元利回り
土地残余法	（土地建物一体の純収益 − 建物の純収益）÷ 土地の還元利回り
建物残余法	（土地建物一体の純収益 − 土地の純収益）÷ 建物の還元利回り
有期還元法（インウッド式）	純収益 × 複利年金現価率 ± 残存価格等 × 複利現価率 ☞ 建替え困難等現状の純収益が非永続的な不動産
有期還元法（ホスコルド式）	純収益 × 収益現価率 ± 残存価格等 × 複利現価率 ☞ 鉱山等純収益が非永続的で投資対象として危険な不動産

国家試験にチャレンジ！⑪（不動産鑑定士試験・2006年）

賃貸用事務所ビルに関連する次のイからへまでの価格形成要因のうち、通常、還元利回りを引き下げる方向に作用するものはいくつあるか。

イ　長期国債の利回りが上昇傾向にある。
ロ　関連する各種の地価指数や家賃指数が下落傾向にある。
ハ　5年後に対象不動産の近くで鉄道新駅の開業が見込まれる。
ニ　旧耐震基準に基づく設計であり、標準的な事務所ビルと比較して耐震性に劣る。
ホ　現行賃料が正常賃料と比較して割高で、近い将来賃料の減額が予測される。
へ　1棟全体を1社のみが借り受けている。

(1) 1つ　(2) 2つ　(3) 3つ　(4) 4つ　(5) 5つ

【解答へのアクセス】

鉄則　**リスク増大→還元利回り引上げ**

イ　金融市場の利回りと還元利回りとは密接な関係があるので、引上げ↗作用がある。
ロ　投資リスク増大により、引上げ↗作用がある。
ハ　新駅開業による地価上昇予測等が見込まれ、**引下げ**↘作用がある。
ニ　耐震補強の必要性や地震等、投資リスク増大により、引上げ↗作用がある。

ホ　賃料減額予測等の投資リスク増大により、引上げ↗作用がある。
へ　テナント退去時に1棟全体の空室リスク増大により、引上げ↗作用がある。
∴（1）が正解である。

（2）賃料を求める鑑定評価の手法

〔賃料を求める場合の一般留意事項〕

実質賃料とは、賃料の種類の如何を問わず、賃貸人等に支払われる賃料の算定期間に対応する適正なすべての経済的対価をいい、純賃料および不動産の賃貸借等を継続するために通常必要とされる諸経費等（以下「**必要諸経費等**」という）から成り立つものである。**支払賃料**とは、各支払時期に支払われる賃料をいい、契約に当たって、**権利金**、**敷金**、**保証金等の一時金**が授受される場合においては、当該一時金の運用益および償却額と併せて実質賃料を構成するものである。

鑑定評価によって求める賃料の算定の期間は、原則として、宅地ならびに建物およびその敷地の賃料にあっては**1月**を単位とし、その他の土地にあっては**1年**を単位とするものとする。

図表３－11　一時金の分類

	契約終了後の措置	法的性格	賃料算定時の措置
礼金・権利金	賃借人へ返還されない	賃料前払的性格	運用益および償却額を考慮
敷金・保証金	賃借人へ返還される	預り金的性格	運用益のみを考慮 ただし，一部償却部分（返還されない部分）がある場合は，償却額も考慮

〔新規賃料を求める鑑定評価の手法〕

Ａ　積算法

対象不動産について、価格時点における**基礎価格**を求め、これに**期待利回り**を乗じて得た額に**必要諸経費等**を加算して試算賃料を求める手法である（この手法による試算賃料を**積算賃料**という）。積算法は、対象不動産の基礎価格、期待利回りおよび必要諸経費等の把握を的確に行い得る場合に**有効である**。

基礎価格とは、積算賃料を求めるための基礎となる価格をいい、原価法および取引事例比較法により求めるものとする。

☞　基礎価格を求めるに当たっての留意事項

①　**宅地の賃料（いわゆる地代）**

最有効使用が可能な場合は、更地の経済価値に即応した価格である。

建物の所有を目的とする賃貸借等の場合で、契約により敷地の最有効使用が見込めないときは、当該契約条件を前提とする**建付地**としての経済価値に即応した価格である。

② 建物およびその敷地の賃料（いわゆる家賃）

建物およびその敷地の**現状に基づく利用**を前提として成り立つ当該建物およびその敷地の経済価値に即応した価格である。

期待利回りとは、賃貸借等に供する不動産を取得するために要した資本に相当する額に対して期待される純収益のその資本相当額に対する割合をいう。期待利回りを求める方法については、収益還元法における還元利回りを求める方法に準ずるものとする。この場合において、賃料の有する特性に留意すべきである。

必要諸経費等としては、つぎのものが挙げられる。

ア　減価償却費（償却前の純収益に対応する期待利回りを用いる場合には計上しない）
イ　**維持管理費**（維持費、管理費、修繕費等）
ウ　**公租公課**（固定資産税、都市計画税等）
エ　**損害保険料**（火災、機械、ボイラー等の各種保険）
オ　**貸倒れ準備費**
カ　**空室等による損失相当額**

国家試験にチャレンジ！⑫（不動産鑑定士試験・2006年）

土地及び建物から構成される賃貸用不動産の積算賃料を求める際に、その賃料に含まれる「必要諸経費等」として不動産鑑定評価基準に列挙されている項目は、次のイからルまでの中でいくつあるか。

イ　損害保険料　ロ　一時金の運用益及び償却額　ハ　売上原価
ニ　空室等による損失相当額　ホ　共益費　ヘ　固定資産評価損　ト　名義書換料
チ　更新料　リ　公租公課　ヌ　貸倒れ準備費　ル　維持管理費
（1）3つ　（2）4つ　（3）5つ　（4）6つ　（5）7つ

【解答へのアクセス】

この問題も、上記の記述で即答できる。イ・ニ・リ・ヌ・ルが該当する。

∴（3）が正解である。

B　**賃貸事例比較法**

まず多数の新規の賃貸借等の事例を収集して適切な事例の選択を行い、これらに係る実際実質賃料（実際に支払われている不動産に係るすべての経済的対価をいう）に必要に応じて事情補正および時点修正を行い、かつ、地域要因の比較および個別的要因の比較を行って求められた賃料を比較考量し、これによって対象不動産の試算賃料を求める手法である（この手法による試算賃料を**比準賃料**という）。事例の収集および選択については、取引事例比較法における事例の収集および選択に準ずるものとする。この場合において、**賃貸借等の契約の内容について類似性を有するものを選択すべき**ことに留意しなければならない。

C　収益分析法

収益分析法は、一般の企業経営に基づく総収益を分析して、対象不動産が一定期間に生み出すであろうと期待される純収益（減価償却後のものとし、これを収益純賃料という）を求め、これに**必要諸経費等を加算**して対象不動産の試算賃料を求める手法である（この手法による試算賃料を**収益賃料**という）。収益分析法は、企業の用に供されている不動産に帰属する純収益を適切に求め得る場合に有効である。

〔継続賃料を求める鑑定評価の手法〕

D　差額配分法

差額配分法は、対象不動産の経済価値に即応した適正な**実質賃料または支払賃料と、実際実質賃料または実際支払賃料との間に発生している差額**について、契約の内容、契約締結の経緯等を総合的に勘案して、当該差額のうち賃貸人等に帰属する部分を適切に判定して得た額を実際実質賃料または実際支払賃料に加減して試算賃料を求める手法である。

E　利回り法

基礎価格に継続賃料利回りを乗じて得た額に**必要諸経費等を加算**して、試算賃料を求める手法である。

F　スライド法

直近合意時点における純賃料に**変動率**を乗じて得た額に価格時点における**必要諸経費等を加算**して、試算賃料を求める手法である。なお、直近合意時点における実際実質賃料または実際支払賃料に即応する適切な変動率が求められる場合には、当該変動率を乗じて得た額を試算賃料として直接求めることができるものとする。

変動率は、直近合意時点から価格時点までの間における経済情勢等の変化に即応する変動分を表すものであり、継続賃料固有の価格形成要因に留意しつつ、土地および建物価格の変動、物価変動、所得水準の変動等を示す各種指数や整備された不動産インデックス等を総合的に勘案して求めるものとする。必要諸経費等の求め方は、積算法に準ずるものとする。

G　賃貸事例比較法

新規賃料に係る賃貸事例比較法に準じて、試算賃料を求める手法である。試算賃料を求めるに当たっては、継続賃料固有の価格形成要因の比較を適切に行うことに留意しなければならない。

図表3－12　鑑定評価の方式

	原価方式	**比較方式**	**収益方式**	その他
価格を求める鑑定評価の手法	原価法 （積算価格）	取引事例比較法 （比準価格）	収益還元法 （収益価格）	3手法の考え方を活用した開発法等
新規賃料を求める鑑定評価の手法	積算法 （積算賃料）	賃貸事例比較法 （比準賃料）	収益分析法 （収益賃料）	
継続賃料を求める鑑定評価の手法		賃貸事例比較法		差額配分法 利回り法 スライド法

国家試験にチャレンジ！⑬（不動産鑑定士試験・2006年）

不動産鑑定評価基準において、不動産鑑定評価の方式は、A「価格を求める鑑定評価の手法」と「賃料を求める鑑定評価の手法」に分類され、さらに「賃料を求める鑑定評価の手法」は、B「新規賃料を求める鑑定評価の手法」とC「継続賃料を求める鑑定評価の手法」に分類

鑑定評価の手法名	AからCの分類
イ　取引事例比較法	A　価格を求める鑑定評価の手法
ロ　スライド法	C　継続賃料を求める鑑定評価の手法
ハ　利回り法	A　価格を求める鑑定評価の手法
ニ　積算法	A　価格を求める鑑定評価の手法
ホ　収益分析法	C　継続賃料を求める鑑定評価の手法
ヘ　収益還元法	A　価格を求める鑑定評価の手法
ト　差額配分法	B　新規賃料を求める鑑定評価の手法
チ　原価法	A　価格を求める鑑定評価の手法

されている。次の鑑定評価の手法名と、AからCまでの分類の組み合わせのうち、正しいものはいくつあるか。
（1）3つ　（2）4つ　（3）5つ　（4）6つ　（5）7つ

【解答へのアクセス】

この問題は、図表3－12を見れば、即答できる。

イ・ロ・ヘ・チが正しい。

ハ・トは、C「継続賃料を求める鑑定評価の手法」、

ニ・ホは、B「新規賃料を求める鑑定評価の手法」であり、正解は、（2）である。

8. 鑑定評価の手順

鑑定評価を行うためには、**合理的かつ現実的な認識**と判断に基づいた一定の**秩序的**な手順を必要とする。この手順は、一般に

（1）鑑定評価の基本的事項の**確定**

（2）依頼者、提出先等および利害関係等の確認

（3）処理計画の策定

（4）対象不動産の**確認**
（5）資料の収集および整理
（6）資料の検討および価格形成要因の分析
（7）鑑定評価の手法の適用
（8）試算価格または試算賃料の**調整**
（9）鑑定評価額の決定
（10）**鑑定評価報告書**の作成
の作業から成っており、不動産の鑑定評価に当たっては、これらを秩序的に実施すべきである。

以上の中で、重要ポイントを解説していく。

（1）について
鑑定評価に当たっては、まず、鑑定評価の基本的事項を「**確定**」しなければならない。このため、鑑定評価の依頼目的、条件および依頼が必要となった背景について依頼者に明瞭に確認するものとする。

（4）について
対象不動産の確認には、**物的確認**および**権利の態様の確認**がある。

図表３－13　確定と確認

	確定（手順１）		確認（手順４）
主　体	依頼者		不動産鑑定士
両者の関係	①　依頼目的・条件を確定	➡	②　①により確定された不動産を実地に明瞭に確認
	③　②の確認を経て最終的に確定	⬅	

（5）について

鑑定評価に必要な資料は、おおむね次のように分けられる。

確認資料…登記事項証明書・図面・写真・地図等

要因資料…一般的要因に係る一般資料・地域要因に係る地域資料・個別的要因に係る個別資料

事例資料…建設事例・取引事例・収益事例・賃貸借等の事例

なお、鑑定評価先例価格は鑑定評価に当たって参考資料とし得る場合があり、売買希望価格等についても同様である。

（6）について

価格形成要因について、職業専門家としての注意を尽くしてもなお対象不動産の価格形成に重大な影響を与える要因が十分に判明しない場合には、原則として他の専門家が行った調査結果等を活用することが必要である。

土壌汚染が存することが判明している不動産については、原則として汚染の分布状況、汚染の除去等の措置に要する費用等を他の専門家が行った調査結果等を活用して把握し、鑑定評価を行うものとする。なお、汚染の除去等が行われた後でも、**心理的嫌悪**

感等による価格形成への影響を考慮しなければならない場合があることに留意する。

（7）について

鑑定評価の手法の適用に当たっては、鑑定評価の手法を当該案件に即して適切に適用すべきである。この場合、地域分析および個別分析により把握した対象不動産に係る市場の特性等を適切に反映した**複数の鑑定評価の手法を適用すべき**であり、対象不動産の種類、所在地の実情、資料の信頼性等により複数の鑑定評価の手法の適用が**困難な場合**においても、その考え方を**できるだけ参酌する**ように努めるべきである。

（8）について

試算価格または試算賃料の調整とは、鑑定評価の複数の手法により求められた各試算価格または試算賃料の**再吟味**および各試算価格または試算賃料が有する**説得力に係る判断**を行い、鑑定評価における**最終判断である鑑定評価額の決定**に導く作業をいう。

☞ 各試算価格または試算賃料の再吟味

① 資料の選択、検討および活用の適否
② 不動産の価格に関する諸原則の当該案件に即応した活用の適否
③ 一般的要因の分析ならびに地域分析および個別分析の適否
④ 各手法の適用において行った各種補正、修正等に係る判断の適否
⑤ **各手法に共通する価格形成要因に係る判断の整合性**

⑥ **単価と総額との関連の適否**

👉 各試算価格または試算賃料が有する説得力に係る判断

① 対象不動産に係る地域分析および個別分析の結果と各手法との適合性

② 各手法の適用において採用した資料の特性および限界からくる相対的信頼性

(9) について

(1) から (8) で述べた手順を十分に尽した後、職業専門家としての良心に従い、適正と判断される鑑定評価額を決定すべきである。この場合において、地価公示法に規定する国土交通大臣が定める公示区域において土地の正常価格を定めるときは、公示価格を規準としなければならない。

(10) について

鑑定評価額が決定されたときは、**鑑定評価報告書**を作成するものとする。

国家試験にチャレンジ！⑭（不動産鑑定士試験・2012年・一部改題）

土壌汚染に関する次のイからホまでの記述のうち、誤っているものをすべて掲げた組み合わせはどれか。

イ　依頼目的が売買である場合には、「土壌汚染の除去等の措置がなされたものとして」

という想定上の条件を付加して鑑定評価を行うことができない。

ロ　土壌汚染が存することが判明している土地について、依頼者である売主において完全除去を行うための調査及び工事費の見積りを行っている場合には、土壌汚染が存しないものとして土地価格から当該除去費等を控除して鑑定評価を行うこともできる。

ハ　土壌汚染の除去等の措置が行われたとしても、心理的嫌悪感等による価格形成への影響を考慮し、当該影響の程度に応じた減価修正を行わなければならない場合がある。

ニ　地下を有する建物が存する場合には、不動産鑑定士の通常の調査は行わずに、土壌汚染を価格形成要因から除外して鑑定評価を行うことができる。

ホ　形質変更時要届出区域の指定がされた土地であるが、汚染原因が自然由来のものであると判明している場合には、当該土壌汚染を価格形成要因から除外して鑑定評価を行うことができる。

(1) イとハ　(2) イとニ　(3) ロとホ　(4) イとニとホ　(5) ロとハとホ

【解答へのアクセス】

イ　×　設定する想定上の条件が鑑定評価書の利用者の利益を害するおそれがないかどうかの観点に加え、実現性および合法性の観点から妥当なものである場合は、原則として行うことができる。

ロ・ハ　○　正しい。
ニ　×　このような規定はない。
ホ　×　自然由来でも、形質変更時要届出区域の指定による減価は認識される。
∴（4）が正解である。

9. 鑑定評価報告書

鑑定評価報告書は、不動産の鑑定評価の成果を記載した文書であり、不動産鑑定士が自己の専門的学識と経験に基づいた判断と意見を表明し、その責任を明らかにすることを目的とするものである。

(1) 作成指針

鑑定評価報告書は、鑑定評価の基本的事項および鑑定評価額を表し、鑑定評価額を決定した理由を説明し、その不動産の鑑定評価に関与した**不動産鑑定士の責任の所在**を示すことを主旨とするものであるから、鑑定評価報告書の作成に当たっては、まずその鑑定評価の過程において採用したすべての資料を整理し、価格形成要因に関する判断、鑑定評価の手法の適用に係る判断等に関する事項を明確にして、これに基づいて作成すべきである。

図表3－15　鑑定評価報告書と鑑定評価書の違い

	鑑定評価報告書	鑑定評価書
根拠法	不動産鑑定評価基準	不動産の鑑定評価に関する法律
署名押印	なし	関与した不動産鑑定士が資格を表示して署名押印
保管義務	なし	5年間の保管義務
作成者と交付先	鑑定士 → 鑑定業者	鑑定業者 → 依頼者

鑑定評価報告書の内容は、不動産鑑定業者が依頼者に交付する**鑑定評価書**の実質的な内容となるものである。したがって、鑑定評価報告書は、鑑定評価書を通じて依頼者のみならず第三者に対しても影響を及ぼすものであり、さらには不動産の適正な価格の形成の基礎となるものであるから、その作成に当たっては、誤解の生ずる余地を与えないよう留意するとともに、特に鑑定評価額の決定の理由については、依頼者のみならず第三者に対して十分に説明し得るものとするように努めなければならない。

(2) 記載事項

鑑定評価報告書には、少なくとも①から⑫の事項について、記載しなければならない。

① 鑑定評価額および価格または賃料の種類

正常価格または正常賃料を求めることができる不動産について、依頼目的に対応した条件により限定価格、特定価格または限定賃料を求めた場合は、かっこ書きで正常価格または正常賃料である旨を付記してそれらの額を併記しなければならない。また、支払賃料の鑑定評価を依頼された場合における鑑定評価額の記載は、支払賃料である旨を付記して支払賃料の額を表示するとともに、当該支払賃料が実質賃料と異なる場合においては、かっこ書きで実質賃料である旨を付記して**実質賃料**の額を併記するものとする。

② **鑑定評価の条件**

対象確定条件、依頼目的に応じ設定された地域要因もしくは個別的要因についての想定上の条件または**調査範囲等**条件について、それらの条件の内容および評価における取扱いが妥当なものであると判断した根拠を明らかにするとともに、**必要がある**と認められるときは、当該条件が設定されない場合の価格等の参考事項を記載すべきである。

③ **対象不動産の所在、地番、地目、家屋番号、構造、用途、数量等および対象不動産に係る権利の種類**

④ **対象不動産の確認に関する事項**

対象不動産の物的確認および権利の態様の確認について、確認資料と照合した結果を明確に記載しなければならない。また後日、対象不動産の現況把握に疑義が生ずる場合があることを考慮して、以下の事項を合わせて記載しなければならない。

ア　**実地調査を行った年月日**

イ　実地調査を行った不動産鑑定士の氏名

ウ　立会人の氏名および職業

エ　実地調査を行った範囲（内覧の実施の有無を含む）

オ　実地調査の一部を実施することができなかった場合にあっては、その理由

☞　確認した事項については、後日疑義が生ずることがないように、当該事項とともに、確認方法（書面によるものか、口頭によるものかの別等をいう）および確認資料について記載する。

☞　同一の不動産の再評価を行う場合において、内覧の全部または一部の実施を省略した場合には、当該不動産の個別的要因に重要な変化がないと判断した根拠を記載する。

⑤　**鑑定評価の依頼目的および依頼目的に対応した条件と価格または賃料の種類との関連**

鑑定評価の依頼目的に対応した条件により、当該価格または賃料を求めるべきと**判断した理由**を記載しなければならない。特に、特定価格を求めた場合には法令等による社会的要請の根拠、また、特殊価格を求めた場合には文化財の指定の事実等を明らかにしなければならない。

⑥　**価格時点および鑑定評価を行った年月日**

☞　依頼を受けた日ではナイ！

⑦　**鑑定評価額の決定の理由の要旨**

鑑定評価額の決定の理由の要旨は、左記に掲げる内容について記載するものとする。

ア　地域分析および個別分析に係る事項

イ　最有効使用の判定に関する事項

👉 最有効使用およびその判定の理由を明確に記載する。なお、建物およびその敷地に係る鑑定評価における最有効使用の判定の記載は、建物およびその敷地の最有効使用のほか、その敷地の**更地としての最有効使用**についても記載しなければならない。

ウ　鑑定評価の手法の適用に関する事項

適用した鑑定評価の手法について、対象不動産の種別および類型ならびに賃料の種類に応じた各論第1章から第3章の規定ならびに地域分析および個別分析により把握した対象不動産に係る市場の特性等との関係を記載しなければならない。

👉 対象不動産の種別および類型ならびに賃料の種類に応じた各論1から3の規定する鑑定評価の手法の適用ができない場合には、対象不動産の市場の特性に係る分析結果等に照らし、その**合理的な理由**を記載する。

エ　試算価格または試算賃料の調整に関する事項

オ　公示価格との規準に関する事項

カ　当事者間で事実の主張が異なる事項

対象不動産に関し、争訴等の当事者間において主張が異なる事項が判明している場合には、**当該事項に関する取扱い**について記載しなければならない。

👉 各々の主張に基づく鑑定評価額を記載する必要はナイ！

キ　その他

支払賃料を求めた場合には、その支払賃料と実質賃料との関連を記載しなければならない。また、継続賃料を求めた場合には、**直近合意時点**について記載しなければならない。

⑧　**鑑定評価上の不明事項に係る取扱いおよび調査の範囲**

対象不動産の確認、資料の検討および価格形成要因の分析等、鑑定評価の手順の各段階において、鑑定評価における資料収集の限界、資料の不備等によって明らかにすることができない事項が存在する場合（調査範囲等条件を設定した場合を含む）の評価上の取扱いを記載しなければならない。その際、不動産鑑定士が自ら行った調査の範囲および内容を明確にするとともに、**他の専門家（ex. 土壌汚染・アスベストの専門家）**が行った調査結果等を活用した場合においては、当該専門家が調査した範囲および内容を明確にしなければならない。

⑨　**関与不動産鑑定士および関与不動産鑑定業者に係る利害関係等**

（ア）関与不動産鑑定士および関与不動産鑑定業者について、対象不動産に関する利害関係または対象不動産に関し利害関係を有する者との縁故もしくは特別の利害関係の有無およびその内容について記載しなければならない。

（イ）依頼者と関与不動産鑑定士および関与不動産鑑定業者との間の特別の資本的関係、人的関係および取引関係の有無ならびにその内容について記載しなければならない。

（ウ）提出先等と関与不動産鑑定士および関与不動産鑑定業者との間の特別の資本的関係、

人的関係および取引関係の有無ならびにその内容（提出先等が未定の場合または明らかとならない場合における当該提出先等については、その旨）を記載しなければならない。

⑩ 関与不動産鑑定士の氏名

⑪ 依頼者および提出先等の氏名または名称

⑫ 鑑定評価額の公表の有無について確認した内容

(3) 附属資料

対象不動産等の所在を明示した地図、土地または建物等の図面、写真等の確認資料、事例資料は、**必要に応じて**、鑑定評価報告書に添付するものとする。なお、他の専門家が行った調査結果等を活用するために入手した調査報告書等の資料についても、**必要に応じて**、附属資料として添付するものとする。ただし、当該他の専門家の同意が得られないときは、この限りではない。

国家試験にチャレンジ！⑮（不動産鑑定士試験・2016年）

鑑定評価報告書に関する次の記述のうち、誤っているものはどれか。

(1) 建物及びその敷地に係る鑑定評価では、更地としての最有効使用についても記載しなければならない。

(2) 継続賃料を求めた場合には、直近合意時点について記載しなければならない。

(3) 鑑定評価額の決定の理由は、依頼者のみならず第三者に対して十分に説明し得るものとなるように努めなければならない。

(4) 対象不動産に関し、争訴等の当事者間において主張が異なる事項があり、その如何によって鑑定評価額に差異が生じる場合には、各々の主張に基づく鑑定評価額を記載する必要がある。

(5) 他の専門家が行った調査結果等を活用した場合は、当該専門家が調査した範囲及び内容を明確にしなければならない。

【解答へのアクセス】

(1)～(3) および (5) ○　正しい。

(4) ×　このような規定はない。

∴ (4) が正解である。

第4章 不動産鑑定理論 各論

1. 価格に関する鑑定評価

《全体像》

1. 土 地
Ⅰ. 宅 地―1. 更地 2. 建付地 3. 借地権 4. 底地 5. 区分地上権
Ⅱ. 農 地
Ⅲ. 林 地
Ⅳ. 宅地見込地
2. 建物及びその敷地
Ⅰ. 自用の建物及びその敷地

Ⅱ．貸家及びその敷地
Ⅲ．借地権付建物（自用の場合・賃貸の場合）
Ⅳ．区分所有建物及びその敷地
3．建　物
Ⅰ．建物及びその敷地が一体として市場性を有する場合における建物のみの鑑定評価
Ⅱ．建物及びその敷地が一体として市場性を有しない場合における建物のみの鑑定評価
Ⅲ．借家権

(1) 土　地

① 宅　地

ア　更　地

更地の鑑定評価額は、更地ならびに配分法が適用できる場合における建物およびその敷地の取引事例に基づく比準価格ならびに土地残余法による収益価格を関連づけて決定するものとする。再調達原価が把握できる場合には、積算価格をも関連づけて決定すべきである。

イ　建付地

建付地の鑑定評価額は、更地の価格をもとに当該建付地の更地としての最有効使用との格

差、更地化の難易の程度等、敷地と建物等との関連性を考慮して求めた価格を標準とし、配分法に基づく比準価格ならびに土地残余法による収益価格を比較考量して決定するものとする。

ウ　借地権および底地

借地権および底地の鑑定評価に当たっては、借地権の価格と底地の価格とは密接に関連し合っているので、以下に述べる諸点に十分に考慮して相互に比較検討すべきである。

㋐　宅地の賃貸借等および借地権取引の慣行の有無とその成熟の程度は、都市によって異なり、同一都市内においても地域によって異なることもあること。

㋑　**借地権の存在は、必ずしも借地権の価格の存在を意味するものではなく、**また、借地権取引の慣行について、借地権が単独で取引の対象となっている都市または地域と、単独で取引の対象となることはないが建物の取引に随伴して取引の対象となっている都市または地域とがあること。

㋒　借地権取引の態様

・借地権が一般に有償で創設され、または継承される地域であるか否か。

・借地権の取引が一般に借地権設定者以外の者を対象として行われる地域であるか否か。

・堅固建物の所有を目的とする借地権の多い地域であるか否か。

・借地権に対する権利意識について借地権者側が強い地域であるか否か。
・一時金の授受が慣行化している地域であるか否か。
・借地権の譲渡に当たって名義書換料を一般に譲受人または譲渡人のいずれが負担する地域であるか否か。

㊁　借地権の態様

・創設されたものか継承されたものか。・地上権か賃借権か。・転借か否か。
・堅固の建物の所有を目的とするか、非堅固の建物の所有を目的とするか。
・主として居住用建物のためのものか、主として営業用建物のためのものか。
・契約期間の定めの有無　・特約条項の有無　・特約は書面か口頭か
・登記の有無　・定期借地権等。

エ　区分地上権

区分地上権の価格は、一般に区分地上権の設定に係る土地（以下「区分地上権設定地」という）の**経済価値**を基礎として、権利の設定範囲における権利利益の内容により定まり、区分地上権設定地全体の経済価値のうち、**平面的・立体的空間**の分割による当該権利の設定部分の経済価値および設定部分の**効用**を保持するため、他の空間部分の利用を制限することに相応する経済価値を貨幣額で表示したものである。

この場合の区分地上権の鑑定評価額は、設定事例等に基づく比準価格、土地残余法に準じて求めた収益価格および区分地上権の立体利用率により求めた価格を関連づけて得た価格を標準とし、区分地上権の設定事例等に基づく区分地上権割合により求めた価格を比較考量して決定するものとする。

② 農地（林地）

公共事業の用に供する土地の取得等、農地（林地）を農地（林地）以外のものとするための取引に当たって、当該取引に係る農地（林地）の鑑定評価を求められる場合がある。

この場合における農地（林地）の鑑定評価額は、比準価格を標準とし、収益価格を参考として決定するものとする。再調達原価が把握できる場合には、積算価格をも関連づけて決定すべきである。

なお、公共事業の用に供する土地の取得に当たっては、土地の取得により通常生ずる損失の補償として農業補償（立木補償等）が別途行われる場合があることに留意すべきである。

③ 宅地見込地

宅地見込地の鑑定評価額は、比準価格および当該宅地見込地について、価格時点において、**転換後・造成後の更地**を想定し、その価格から通常の造成費相当額および発注者が直接負担すべき通常の付帯費用を控除し、その額を当該宅地見込地の熟成度に応じて適切に修正して得た価格をも関連づけて決定するものとする。

この場合において、特に都市の外延的発展を促進する要因の近隣地域に及ぼす影響度および次に掲げる事項を総合的に勘案するものとする。
・当該宅地見込地の宅地化を助長し、または阻害している行政上の措置または規制
・付近における公共施設および公益的施設の整備の動向
・付近における住宅、店舗、工場等の建設の動向
・造成の難易およびその必要の程度
・造成後における宅地としての有効利用度
また、熟成度の低い宅地見込地の鑑定評価をする場合には、比準価格を標準とし、転換前の土地の種別に基づく価格に宅地となる期待性を加味して得た価格を比較考量して決定するものとする。

図表４－１　建物およびその敷地の価格

パターン	鑑定評価額の決定
（1）自用の建物およびその敷地 （2）借地権付建物で，当該建物を借地権者が使用しているもの （3）区分所有建物およびその敷地で，専有部分を区分所有者が使用しているもの	**積算価格，比準価格および収益価格を関連づけて**決定するものとする。
（1）貸家およびその敷地 （2）借地権付建物で，当該建物が賃貸されているもの （3）区分所有建物およびその敷地で，専有部分が賃貸されているもの	**実際実質賃料**（売主がすでに受領した一時金のうち売買等に当たって買主に承継されない部分がある場合には，当該部分の運用益および償却額を含まないものとする）に基づく純収益等の現在価値の総和を求めることにより得た**収益価格を標準**とし，**積算価格および比準価格を比較考量**して決定するものとする。

3. 建物

特に重要な借家権について解説する。

借家権とは、借地借家法（廃止前の借家法を含む）が適用される建物の賃借権をいう。

借家権の取引慣行がある場合における借家権の鑑定評価額は、当事者間の個別的事情を考慮して求めた比準価格を標準とし、自用の建物およびその敷地の価格から貸家およびその敷地の価格を控除し、所要の調整を行って得た価格を比較考量して決定するものとする。借家権割合が求められる場合は、借家権割合により求めた価格をも比較考量するものとする。

さらに、借家権の価格といわれているものには、賃貸人から建物の明渡しの要求を受け、借家人の不随意の立退きに伴い事実上喪失することとなる経済的利益等、賃貸人との関係において個別的な形をとって具体に現れるものがある。この場合における借家権の鑑定評価額は、当該建物およびその敷地と同程度の代替建物等の賃借の際に必要とされる新規の実際支払賃料と現在の実際支払賃料との差額の一定期間に相当する額に、賃料の前払的性格を有する一時金の額等を加えた額ならびに自用の建物およびその敷地の価格から貸家およびその敷地の価格を控除し、所要の調整を行って得た価格を関連づけて決定するものとする。

阪神大震災の後、大阪府豊中市のアパートが再開発の対象となったため、豊中市職員2名が訪ねて来た。私は大阪府庁で18年間にわたり不動産研修の講師を担当していたが、何と、2名とも受講生の方であった。「相川先生、○○カ月分の家賃相当額を支払い致しますので、立ち退いていただけますか?」と言われ、鑑定評価基準上十分な誠意ある金額だったので、即座にハンコを押した。なかには、「もっと、多く払え!」と増額を要求してなかなかハンコを押さない人も多いようだ。公務員のお仕事は、建設・都市計画・民生・市民税課・社会福祉課等さまざまな部署で宅地建物取引士の知識が生かせるという。私の阪神タイガース友達の安田氏(大阪府某市公務員)も、「宅地建物取引士と管理業務取扱主任者の資格を取得しました。特に宅建士で学ぶ知識は、公務員の仕事に大きく役立ちます。都市計画法や建築基準法等の行政法規は、まちづくり等実務の基礎です。地域の特性や住宅事情の分析、課題の整理、都市計画の策定等において、学んだ知識が活きてきます。その結果、市民サービスへの還元につながると思います。令和元年6月に産まれた長男にも、ぜひ宅建士を取らせたいと思うほどです」と、太鼓判を押す。

国家試験にチャレンジ！⑯（不動産鑑定士試験・2012年）

借家権の鑑定評価に関する次の記述のうち、誤っているものはどれか。

（1）賃貸人からの建物の明渡しの要求を受けた際、借家人の不随意の立退きに伴い事実上喪失する経済的利益の補償は借家権価格の一例といわれている。

（2）借家権の取引慣行がある場合に借家権の価格の1つとして借家権割合により求めた価格がある。

（3）公共用地の取得に伴い損失補償を受けるときに借家権の経済価値が認識できる。

（4）建物の賃貸借契約の内容がモデルルーム開設などを目的とした一時的使用目的の建物賃貸借であるときは、借家権の経済価値が認識できる。

（5）借家権の鑑定評価に当たっては、貸家及びその敷地の鑑定評価において勘案しなければならない事項について、同様に勘案しなければならない。

【解答へのアクセス】

（1）・（2）・（3）・（5）○　正しい。

（4）×　一時的使用目的の建物賃貸借は借地借家法の適用がなく、借家権は認識できない。

∴（4）が正解である。

図表4－2　特定価格

パターン	価格を求める事情	特定価格として求める論拠	根拠・関連法律
㋐	投資採算価値を表す価格	対象不動産の最有効使用を前提としないため	資産流動化法・投信法・不動産特定共同事業法・金融商品取引法
㋑	早期売却目的の価格	通常の市場公開期間より短期間売却想定のため	民事再生法
㋒	事業継続目的の価格	対象不動産の最有効使用を前提としないため	会社更生法・民事再生法

4．特定価格を求める場合に適用する鑑定評価の手法

㋐　証券化不動産に係る鑑定評価目的の下で、投資家に示すための投資採算価値を表す価格を求める場合

この場合は、基本的に収益還元法のうちＤＣＦ法により求めた試算価格を標準とし、直接還元法による検証を行って求めた**収益価格に基づき、比準価格および積算価格による検証**を行い鑑定評価額を決定する。

㋑　民事再生法に基づく鑑定評価目的の下で、早期売却を前提とした価格を求める場合

この場合は、通常の市場公開期間より短い期間で売却されるという前提で、原則として**比準価格と積算価格を関連づけ、積算価格による検**

証を行って鑑定評価額を決定する。なお、比較可能な事例資料が少ない場合は、通常の方法で正常価格を求めた上で、早期売却に伴う減価を行って鑑定評価額を求めることもできる。

㋒ 会社更生法または民事再生法に基づく鑑定評価目的の下で、事業の継続を前提とした価格を求める場合

この場合は、原則として事業経営に基づく純収益のうち不動産に帰属する純収益に基づく**収益価格を標準とし、比準価格を比較考量の上、積算価格による検証**を行って鑑定評価額を決定する。

5. 賃料に関する鑑定評価

《全体像》

Ⅰ 宅 地
1. 新規賃料
2. 継続賃料

Ⅱ 建物及びその敷地
1. 新規賃料
2. 継続賃料

(1) 宅地（地代）

① 新規賃料

ア 価格形成要因	新規賃料固有の価格形成要因の主なものは次のとおりである。 ・当該地域の賃貸借等の契約慣行 ・賃貸借等の種類・目的、一時金の授受の有無およびその内容ならびに特約事項の有無およびその内容等の新規賃料を求める前提となる契約内容
イ 正常賃料を求める場合	宅地の正常賃料を求める場合の鑑定評価に当たっては、賃貸借等の契約内容による使用方法に基づく宅地の経済価値に即応する適正な賃料を求めるものとする。宅地の正常賃料の鑑定評価額は、積算賃料、比準賃料、および配分法に準ずる方法に基づく比準賃料を比較考量して決定するものとする。また、建物およびその敷地に係る賃貸事業に基づく純収益を適切に求めることができるときには、賃貸事業分析法で得た宅地の試算賃料も比較考量して決定するものとする。
ウ 限定賃料を求める場合	宅地の限定賃料の鑑定評価額は、隣地宅地の併合使用または宅地の一部の分割使用を前提とする賃貸借の事例に基づく比

準賃料を関連づけて決定するものとする。この場合においては、次に掲げる事項を総合的に勘案するものとする。
・隣地宅地の権利の態様
・当該事例に係る賃貸借等の契約の内容

② 継続賃料

ア　価格形成要因

継続賃料固有の価格形成要因は、直近合意時点から価格時点までの期間における要因が中心となるが、主なものを例示すれば、次のとおりである。
・近隣地域もしくは同一需給圏内の類似地域等における宅地の賃料または同一需給圏内の代替競争不動産の賃料の推移およびその改定の程度
・土地価格の推移
・公租公課の推移
・契約の内容およびそれに関する経緯
・賃貸人等または賃借人等の近隣地域の発展に対する寄与度

イ　実際支払賃料を改定する場合（建物およびその敷地の継続賃料を求める場合の鑑定評価では、右記の
土地価格の推移　→　土地および建物価格の推移
底地に対する利回りの推移
→　建物およびその敷地に対する利回り
と読み替えるものとする）。

継続中の宅地の賃貸借等の契約に基づく実際支払賃料を改定する場合の鑑定評価額は、差額配分法による賃料、利回り法による賃料、スライド法による賃料および比準賃料を関連づけて決定するものとする。この場合においては、直近合意時点から価格時点までの期間を中心に、次に掲げる事項を**総合的に勘案**するものとする。

・近隣地域もしくは同一需給圏内の類似地域等における宅地の賃料または同一需給圏内の代替競争不動産の賃料、その改定の程度およびそれらの推移
・**土地価格の推移**
・賃料に占める純賃料の推移
・**底地に対する利回りの推移**
・**公租公課の推移**
・直近合意時点および価格時点における新規賃料と現行賃料の乖離
・契約の内容およびそれに関する経緯
・契約上の経過期間および直近合意時点から価格

	時点までの経過期間 ・賃料改定の経緯 なお、賃料の改定が契約期間の満了に伴う更新または借地権の第三者への譲渡を契機とする場合において、**更新料または名義書替料**が支払われるときは、これらの額を総合的に勘案して求めるものとする。
ウ　契約上の条件または使用目的の変更で改定する場合	変更に伴う宅地および地上建物の経済価値の増分のうち適切な部分に即応する賃料を2．を想定した場合における賃料を加算して決定するものとする。この場合においては、2．に掲げる事項のほか、特に次に掲げる事項を総合的に勘案するものとする。 （1）賃貸借等の態様　（2）契約上の条件または使用目的の変更内容　（3）条件変更承諾料または増改築承諾料が支払われるときはこれらの額

（2）建物およびその敷地（家賃）

① 新規賃料

価格形成要因	新規賃料固有の価格形成要因は、上記（1）①に準ずる。
正常賃料を求める場合	建物およびその敷地の正常賃料を求める場合の鑑定評価に当たっては、賃貸借の契約内容による使用方法に基づく建物およびその敷地の経済価値に即応する適正な賃料を求めるものとする。建物およびその敷地の正常賃料の鑑定評価額は、積算賃料および比準賃料を関連づけて決定するものとする。この場合において、純収益を適切に求めることができるときは収益賃料を比較考量して決定するものとする。なお、建物およびその敷地の一部を対象とする場合の正常賃料の鑑定評価額は、当該建物およびその敷地の全体と当該部分との関連について総合的に比較考量して決定するものとする。

② 継続賃料

建物およびその敷地の継続賃料を求める場合の鑑定評価は、宅地の継続賃料を求める場合の鑑定評価に準ずるものとする。

国家試験にチャレンジ！⑰（不動産鑑定士試験・2009年）

継続中の宅地の賃貸借等の契約に基づく実際支払賃料を改定する場合には、契約の内容及び契約締結の経緯、契約上の経過期間及び残存期間等の事項を総合的に勘案する必要がある。

一方、契約上の条件又は使用目的が変更されることに伴い賃料を改定する場合の鑑定評価に当たっては、上記のほか、特に一定の事項を総合的に勘案するものとされているが、次のイから二までに掲げるもののうち、これに該当するものはいくつあるか。

イ　賃貸借等の態様　ロ　契約上の条件の変更内容　ハ　契約上の使用目的の変更内容

二　増改築承諾料が支払われるときはその額

（1）1つ　（2）2つ　（3）3つ　（4）すべて該当する

（5）該当するものはない

【解答へのアクセス】

すべて該当する。

∴（4）が正解である。

第5章　不動産証券化論

1. 不動産証券化が誕生した歴史的背景

わが国における不動産証券化出現の契機は、1912年の**関東大震災**であると考えられる。関東大震災の前後で、日本の地価は14年連続で下落を続けたとされているが、政府は、不動産の価格を上昇させ金融を活性化させるために**抵当証券法**を施行した。不動産を担保とする証券が発行されることになったのである。この法律により、今の不動産証券化の始祖がスタートしたと考えられる。

第二次世界大戦後、日本は奇跡の高度経済成長を達成し、それに伴い土地の価格は上昇を続けた。**「土地の価格は永遠に上がり続ける」という土地神話**が生まれた。そのため、不動産取引が活発化した。元来、銀行が融資する相手は企業がメインであったが、世の中が金余り状態となり、個人にも不動産購入資金の融資を増加させたのである。

かくして、**不動産投資**の過熱化によりバブル経済となった。不動産投資が身近になったのは、いつ頃であろうか。不動産投資の増加を受けて、銀行や証券会社は、１９８７年の**ワンルームマンション投資**等の不動産を小口化する金融商品を開発した。会社等の法人や富裕層の対象であった不動産投資が、一般の個人投資家層へ拡大していった。たとえば、銀行から融資を受けて10億円で買った土地が、１年後には12億円に値上がりしたという話は、決して珍しくなかった。土地の価格は、どんどん値上がりした。バブルが本格化し始めた１９８５年に大学院を修了した私は、当時日本を代表する企業であったＳ銀行やＤ証券で企業内研修の講師を務めた。授業の後には、北新地でステーキ・寿司・うなぎ等を御馳走になったり、北新地からＪＲ大阪駅までのたった５００メートルの移動のために、タクシー代として１万円札を胸ポケットに入れてくれたことも一度や二度ではなかった。日本全体が薔薇色の雲に包まれているかのごとくであった。

しかるに、そうこうするうちに、１９９2年にバブルが崩壊し、土地の価格は下落した。ある投資家が銀行からの融資を受けて10億円で買った土地は15億円まで値上がりし、その後7・5億円まで値下がりした。銀行への借金の返済ができなくなった買主は、その土地を銀行に差し押さえられ、土地の所有権を失った。銀行は、その土地を競売するのであるが、7・5億円でしか売れない。融資した10億円もの債権を回収することができない。これを**不良債権**といい、大量発生により日本の金融システムは破綻してしまった。銀行は融資の**総量**

規制を実行し、企業は**資金調達**に苦しんだ。そこで、企業はバブル期に購入し保有した不動産を証券化して売買することにした。すなわち、資金調達手段が多様化したということである。銀行以外の企業も経営効率化が要求され、不動産証券化による**オフバランス**（保有資産を貸借対照表の資産の部から外すこと）を実施することにより財務諸表健全化を目指した。

投資家保護の観点から、1994年に**不動産特定共同事業法**が制定され、1995年に施行された。1997年には、**新総合土地政策推進要綱**が施行され、土地政策の目標が**地価抑制から土地の有効活用に転換**した。2013年に改正され、**特別目的会社（SPC）**が不動産を対象とする不動産特定共同事業を行うことが可能となった。

1998年には、金融機関の不良債権である担保不動産の売却促進を主たる目的とする、**特定目的会社による特定資産の流動化に関する法律**が制定された。しかしながら、手続等に難点があり有効に活用されなかったため、2000年に大改正され、**資産の流動化に関する法律**となった。本法により、**特別目的会社（TMK）**が証券を発行して、投資家から不動産投資資金を集め、不動産を購入して賃料収入を取得し、投資家に配当できることとなった。

また、証券投資信託及び証券投資法人に関する法律（昭和26年法律第198号）は、幅広い資産を対象とするとともに適切な投資家保護達成のため、**特定目的会社による特定資産の流動化に関する法律等の一部を改正する法律の成立**に伴い、**投資信託及び投資法人に関する法律に改正**され、2000年に施行された。この法律により、**日本版不動産投資信託（J―**

ＲＥＩＴ）が創設された。それ以前は、多数の投資家から資金を集める投資信託の運用資産は、有価証券等に限定されていたが、不動産を対象にできることとなった。翌２００１年には、東京証券取引所に２銘柄が上場され、今や**Ｊ―ＲＥＩＴの市場規模は大きく成長**している。

また、金融・資本市場の国際化に対応し、投資家保護の法整備を図り、貯蓄から投資に向けての市場機能の確保等のために、２００６年に**証券取引法等の一部を改正する法律**の成立に伴い、**証券取引法が金融商品取引法に改正**され、２００７年に施行された。

２．不動産証券化の役割分担

不動産の証券化とは、不動産の権利を証券に結び付けることを前提に、不動産投資と不動産事業の管理運営をマネジメントするツールである。近年は、**アセットマネジメント（ＡＭ）およびプロパティマネジメント（ＰＭ）の役割分担（アンバンドリング）**が一般化している。ＡＭとは資金運用の計画、決定・実施、実施の管理を行う業務で、ＰＭとは現実の管理・運営を行う業務である。ＰＭの業務では、中・長期的な建物設備の改修・修繕の計画を策定して実施する**コンストラクションマネジメント（ＣＭ）**も増加の兆しがある。

3 証券化対象不動産の範囲

以下において、「証券化対象不動産」とは、次のいずれかに該当する不動産取引の目的である不動産または不動産取引の目的となる見込みのある不動産（**信託受益権**に係るものを含む）をいう。

（1）資産の流動化に関する法律に規定する資産の流動化、ならびに投資信託及び投資法人に関する法律に規定する投資信託に係る不動産取引ならびに同法に規定する投資法人が行う不動産取引

（2）不動産特定共同事業法に規定する不動産特定共同事業契約に係る不動産取引

（3）金融商品取引法の規定による一定目的の収益または利益を生ずる不動産取引

証券化対象不動産の鑑定評価は、この章の定めるところに従って行われなければならない。この場合において、鑑定評価報告書にその旨を記載しなければならない。証券化対象不動産以外の不動産の鑑定評価を行う場合にあっても、投資用の賃貸大型不動産の鑑定評価を行う場合、その他の投資家および購入者等の保護の観点から必要と認められる場合には、この章の定めに準じて、**鑑定評価を行うよう努めなければならない**。

☞ 証券化対象不動産については、従前に鑑定評価が行われたものを**再評価**する場合であ

っても、この章に従って鑑定評価を行わなければならないものであることに留意する必要がある。

4. 不動産鑑定士の責務

不動産鑑定士は、証券化対象不動産の鑑定評価の依頼者（以下、単に「依頼者」という）のみならず広範な投資家等に重大な影響を及ぼすことを考慮するとともに、不動産鑑定評価制度に対する社会的信頼性の確保等について重要な責任を有していることを認識し、証券化対象不動産の鑑定評価の手順について常に最大限の配慮を行いつつ、鑑定評価を行わなければならない。

不動産鑑定士は、証券化対象不動産の鑑定評価を行う場合にあっては、証券化対象不動産の証券化等が円滑に行われるよう配慮しつつ、鑑定評価に係る資料および手順等を依頼者に説明し、理解を深め、かつ、協力を得るものとする。

証券化対象不動産の鑑定評価を**複数の不動産鑑定士が共同して行う場合**にあっては、それぞれの不動産鑑定士の役割を明確にした上で、常に**鑑定評価業務全体の情報を共有**するなど密接かつ十分な連携の下、すべての不動産鑑定士が一体となって鑑定評価の業務を遂行しなければならない。

5. 処理計画の策定

処理計画の策定に当たっては、あらかじめ、依頼者に対し、証券化対象不動産の鑑定評価に関する次の事項を確認し、鑑定評価の作業の円滑かつ確実な実施を行うことができるよう適切かつ合理的な処理計画を策定するものとする。この場合において、確認された事項については、処理計画に反映するとともに、当該事項に変更があった場合にあっては、処理計画を変更するものとする。

(1) 鑑定評価の依頼目的および依頼が必要となった背景
(2) 対象不動産が右記3の（1）、（2）または（3）のいずれに係るものであるかの別
(3) **エンジニアリング・レポート**（建築物、設備等および環境に関する専門的知識を有する者が行った証券化対象不動産の状況に関する報告書をいう。以下、**ER**という）、DCF法等を適用するために必要となる資料その他の資料の主な項目およびその**入手時期**
(4) **ER**を作成した者からの説明の有無
(5) 対象不動産の内覧の実施を含めた実地調査の範囲
(6) その他処理計画の策定のために必要な事項

☞ 処理計画の策定に当たっての確認については、対象不動産の鑑定評価を担当する不動

産鑑定士以外の者が行う場合もあり得るが、当該不動産鑑定士が鑑定評価の一環として責任を有するものであることに留意しなければならない。

右記5の（1）から（6）までの事項の確認を行った場合には、それぞれ次の事項に関する記録を作成し、および**鑑定評価報告書の附属資料として添付**しなければならない。

① **確認を行った年月日**
② **確認を行った不動産鑑定士の氏名**
③ **確認の相手方の氏名および職業**
④ 確認の内容および当該内容の処理計画への反映状況
⑤ 確認の内容の変更により鑑定評価の作業、内容等の変更をする場合にあっては、その内容

6. 鑑定評価の依頼目的および依頼者の証券化関係者との関係

証券化対象不動産については、関係者が多岐にわたり利害関係が複雑であることも多く、証券化対象不動産の鑑定評価の依頼目的および依頼が必要となった背景等、ならびに依頼者と証券化対象不動産との利害関係に関する次の事項を、鑑定評価報告書に記載しなければならない。

（1）依頼者が証券化対象不動産の証券化に係る利害関係者**（オリジネーター、アレンジャー、アセットマネージャー、レンダー、エクイティ投資家または特別目的会社・投資法**

人・ファンド等をいい、以下「証券化関係者」という）のいずれであるかの別

（2）依頼者と証券化関係者との資本関係または取引関係の有無、およびこれらの関係を有する場合にあっては、その内容

（3）その他、依頼者と証券化関係者との特別な利害関係を有する場合にあっては、その内容

☞ 語句の説明

オリジネーター…証券化する不動産の原所有者で、SPC等に不動産を売却する。

アレンジャー…証券化の仕組み（スキーム）を検討・構築し全関係者を取りまとめる者

特別目的会社（SPC）…不動産をオリジネーターから買い取り、買取り資金調達のため証券を発行し、投資家へ収益配分を行う等の特別の目的のために設立された会社（ex. 資産流動化法に基づく「○○特別目的会社」）等

アセットマネージャー…投資家等から委託を受けて、総合的な運用・管理業務を行う者

レンダー…SPC等に融資（ノンリコースローン等）を行う金融機関

エクイティ投資家…SPCの株式等に投資を行う者

投資法人…不動産投資信託（REIT）の主体となる法人（ex. 投信法に基づく「○○投資法人」）等

ファンド…不動産・有価証券等の特定資産への投資運用目的で投資家から集めた資金等

図表５－１　不動産証券化全体像

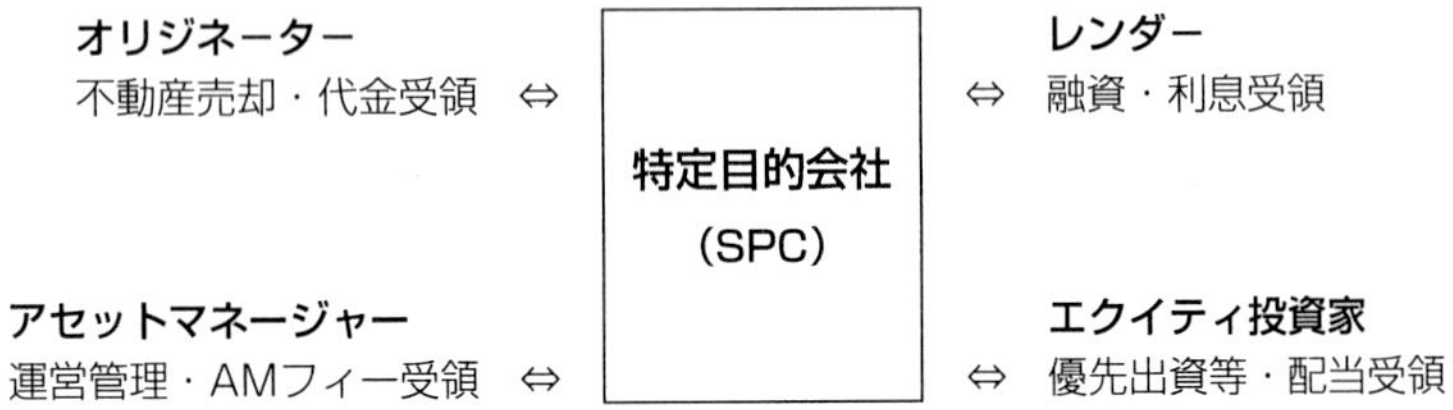

7．ＥＲの取扱いと不動産鑑定士が行う調査

証券化対象不動産の鑑定評価に当たっては、不動産鑑定士は、依頼者に対し当該鑑定評価に必要なＥＲの提出を求め、その内容を分析した上で、鑑定評価に活用しなければならない。ただし、**ＥＲ**の提出がない場合またはその記載された内容が鑑定評価に活用する資料として不十分であると認められる場合には、ＥＲに代わるものとして不動産鑑定士が調査を行うなど鑑定評価を適切に行うため対応するものとし、対応した内容およびそれが適切であ

図表５－２　SPCの貸借対照表

資　産（不動産）	**負　債**（特定借入・特定社債）
	資　本（優先出資・特定出資）

図表5－3　ERのまとめ

項　目	内　容
ERの基本的属性	・ERの作成者の名称等 ・ERの調査が行われた日および作成された日
ERの入手経緯，対応方針等	・入手先　・入手した日 ・ERの作成者からの説明の有無等 ・入手したERについて鑑定評価を行う上での対応方針等
鑑定評価に必要となる専門性の高い個別的要因に関する調査	次に掲げる専門性の高い個別的要因に関する調査について，ERを活用するかまたは不動産鑑定士の調査を実施（不動産鑑定士が他の専門家へ調査を依頼する場合を含む）するかの別 ・**公法上および私法上の規制，制約等**（法令遵守状況調査を含む） ・修繕計画　・再調達価格 ・**有害物質（アスベスト等）**に係る建物環境 ・**土壌汚染　・地震リスク　・耐震性　・地下埋設物**
鑑定評価に必要となる専門性の高い個別的要因に関する調査についての不動産鑑定士の判断	専門性の高い個別的要因に関する調査に関する対応について，ERの記載内容を活用した場合，不動産鑑定士の調査で対応した場合等の内容，根拠等

ると判断した理由について、鑑定評価報告書に記載しなければならない。

ERの提出がない場合、またはその記載されている内容が不十分である場合として想定される場合を例示すれば、すでに鑑定評価が行われたことがある証券化対象不動産の再評価する場合、証券化対象不動産が更地である場合（建物を取り壊す予定である場合を含む）等がある。

ERの内容を鑑定評価に活用するか否かの検討に当たっては、その判断および根拠について、鑑定評価報告書に記載しなければならない。この場合においては、少なくとも上の表の項目ごとに、それぞれ同表に掲げる内容を鑑定評価報告書に記載しなければならない。

☞ **できる限り**、依頼者からERの全部の提供を受けるとともに、ERの作成者からの説明を直接受ける機会を求めることが必要である。

国家試験にチャレンジ！⑱（不動産鑑定士試験・2018年）

証券化対象不動産の評価におけるERを用いる場合に関する次のイからホまでの記述のうち、誤っているものをすべて掲げたものはどれか。

（イ）ERは対象不動産の個別的要因等の確認等に用いるため、必ず、内覧等実地調査時には入手しておかなければならない。

（ロ）対象不動産が建物及びその敷地で、建物を取り壊す予定である場合は、一切、ERの提出を求める必要はない。

（ハ）地震リスクについて、簡易分析（統計的な手法による分析）によるPML値（地震による損失リスクの大きさを示す値）は高く、一般的には地震保険の付保が必要であると判断されるような値であった。このような場合、鑑定評価に活用する資料として不十分であると認められるため、必ず、詳細分析（解析的な手法による分析）等の追加調査を依頼者に要請する必要がある。

（ニ）ＥＲに記載されている再調達価格には設計・工事監理費等が含まれていないことがあり、必ずしも、鑑定評価における原価法で採用する建物再調達原価と同じ内容ではないことに留意する必要がある。
（ホ）ＥＲを鑑定評価に活用するかどうかの検討は、不動産鑑定士が、その内容を十分理解し主体的に責任をもって分析・判断した上で行われるものであり、必ず、その判断及び根拠について、鑑定評価報告書に記載しなければならない。
(1) イとロとハ　(2) イとハとホ　(3) イとニとホ　(4) ロとハとニ
(5) ロとニとホ

【解答へのアクセス】
（イ）×　内覧時までの入手が望ましいが、個別的要因の分析時までに入手すればよい。
（ロ）×　建物を取り壊す予定である場合でも、アスベスト・土壌汚染等についてのＥＲの提出が必要である。
（ハ）×　詳細分析等の追加調査は必須ではない。一般的には、ＰＭＬ値が高く地震の付保が必要であると判断される場合、その**費用を査定し**、**運営費用に計上**する必要がある。
（ニ）・（ホ）○　正しい。
∴（1）が正解である。

8．ＤＣＦ法の適用等

証券化対象不動産の鑑定評価における収益価格を求めるに当たっては、**ＤＣＦ法を適用しなければならない**。この場合において、併せて**直接還元法**を適用することにより検証を行うことが適切である。

ＤＣＦ法の適用に当たっては、ＤＣＦ法による収益価格を求める際に活用する資料を次に定める区分に応じて、その妥当性や判断の根拠等を鑑定評価報告書に記載しなければならない。

（1）**依頼者から入手**した対象不動産に係る収益または費用の額その他の資料を**そのまま活用**する場合

（2）**依頼者から入手**した対象不動産に係る収益または費用の額その他の資料に**修正等を加える**場合

（3）**自らが入手**した対象不動産に係る収益又は費用の額その他の資料を**活用**する場合

9．ＤＣＦ法の収益費用項目の統一等

プロパティマネジメントでは、賃料を徴収し、預託金を受領し、必要経費を支払い、これ

図表5－4　運営収益項目

項　目	定　義
貸室賃料収入	対象不動産の全部または貸室部分について，賃貸または運営委託をすることにより経常的に得られる収入**（満室想定）**
共益費収入	対象不動産の維持管理・運営において経常的に要する費用（電気・水道・ガス・地域冷暖房熱源等に要する費用を含む）のうち，**共用部分に係るもの**として賃借人との契約により徴収する収入**（満室想定）**
水道光熱費収入	対象不動産の運営において電気・水道・ガス・地域冷暖房熱源等に要する費用のうち，**貸室部分に係るもの**として賃借人との契約により徴収する収入**（満室想定）**
駐車場収入	対象不動産に附属する駐車場をテナント等に賃貸することによって得られる収入および駐車場を時間貸しすることによって得られる収入 ☞ **満室想定はナシ！**（時間貸し・月極駐車場もあるから）
その他の収入	その他看板，アンテナ，自動販売機等の施設設置料，**礼金・更新料等の返還を要しない一時金等の収入**
空室等損失	各収入について空室や入替期間等の発生予測に基づく減少分
貸倒れ損失	各収入について貸倒れの発生予測に基づく減少分

らをもとに、報告書を作成する。従来は、事業者によって収益費用の認識の判断基準が統一されていなかった。そこで、2007年に不動産鑑定評価基準が改正され、DCF法における収益費用項目の統一化がなされた。

図表５－５　運営費用項目

項　目	定　　義
維持管理費	建物・設備管理，保安設備，清掃等対象不動産の維持・管理のために経常的に要する費用
水道光熱費	対象不動産の運営において，電気・水道・ガス・地域冷暖房熱源等に要する費用
修　繕　費	対象不動産に係る建物，設備等の修理，改良等のために支出した金額のうち当該建物，設備等の**通常の維持管理**のため，または一部が**き損した建物，設備等**につきその**現状を回復する**ために経常的に要する費用
プロパティマネジメントフィー	対象不動産の管理業務に係る経費
テナント募集費用等	新規テナント募集に際して行われる仲介業務や広告宣伝等に要する費用，およびテナントの賃貸借契約の更新や再契約業務に要する費用等
公租公課	固定資産税（土地・建物・償却資産），都市計画税（土地・建物） ☞ **事業所税は，含まれない。**
損害保険料	対象不動産および付属設備に係る火災保険，対象不動産の欠陥や管理上の事故による第三者等の損害を担保する賠償責任保険等の料金
その他費用	その他支払地代，道路占用使用料等の費用

★**運営純収益**とは、運営収益から運営費用を控除して得た額

★**一時金の運用益**とは、預り金的性格を有する敷金・保証金等の運用益

★**資本的支出**とは、対象不動産に係る建物・設備等の修理、改良等のために支出した金額のうち当該建物、設備等の**価値を高め、またはその耐久性を増す**ことと

なると認められる部分に対応する支出である。

☞ 修繕費と区別せよ！

★**純収益**とは、運用純収益に一時金の運用益を加算し、資本的支出を控除した額

図表５－６　純収益の求め方

運営収益 － 運営費用
＝ 運営純収益

↓

運営純収益 ＋ 一時金の運用益
－ 資本的支出 ＝

↓

純収益

国家試験にチャレンジ！⑲（不動産鑑定士試験・２０１０年）

証券化対象不動産の収益価格を求める場合における不動産鑑定評価基準に掲げられた収益費用項目のうち運営費用に属するものは、次のイからヌまでのうちいくつあるか。

イ　資本的支出（大規模修繕費）　ロ　公租公課
ハ　貸倒れ損失　ニ　テナント募集費用等　ホ　損害保険料
ヘ　信託報酬　ト　維持管理費　チ　減価償却費
リ　修繕費　ヌ　空室等損失
（1）3つ　（2）4つ　（3）5つ　（4）6つ
（5）7つ

【解答へのアクセス】

運営費用項目を見れば即断即決！　ロ・ニ・ホ・ト・リである。

∴（3）が正解である。

DCF法の適用により収益価格を求めるに当たっては、収益費用項目およびその定義について依頼者に提示・説明した上で必要な資料を入手するとともに、収益費用項目ごとに定められた定義に該当していることを確認しなければならない。

DCF法を適用する際の鑑定評価報告書の様式の例は、別表2のとおりとする。証券化対象不動産の用途、類型等に応じて、実務面での適合を工夫する場合は、同表2に必要な修正を加えるものとする（別表2は省略）。

DCF法の適用等にあたっての留意事項

① 収益費用項目およびその定義を依頼者に説明するに当たって、各項目ごとの具体的な積算内訳など不動産の出納管理に関するデータ等と収益費用項目の対応関係を示すなどの工夫により、依頼者が不動産鑑定士に提供する資料の正確性の向上に十分配慮しなければならない。

② 収益費用項目においては、**信託報酬、特別目的会社・投資法人・ファンド等に係る事務費用、アセットマネジメントフィー**（個別の不動産に関する費用は除く）**等の証券化関連費用は含まない**こと。「純収益」は償却前のものとして求めることとしていることから、

減価償却費は計上しないことに留意する必要がある。また、図表5－6の**「運営純収益」**と証券化対象不動産に係る一般の開示書類等で見られるいわゆる**「NOI（ネット・オペレーティング・インカム）」**はその**内訳が異なる場合がある**ことに留意する必要がある。

③ 図表5－6の「運営純収益」と「純収益」の差額を構成する「一時金の運用益」と「資本的支出」の算出について、「一時金の運用益」の利回りの考え方を付記するとともに、「資本的支出」と「修繕費」の区分については、**税務上の整理等との整合性に配慮する必要**があることに留意しなければならない。

④ 収益費用項目については、DCF法を適用した場合の検証として適用する直接還元法においても、同様に用いる必要がある。

☞ **NOI**（Net Operating Income）とは、不動産の賃料収入から不動産管理等の費用を差し引いた営業純利益のことで、**NOI利回り**（＝NOI÷物件の取得価格×100）≧**3・5**なら、不動産賃貸事業の採算は確保されていると考えるのが一般的である。

《設　例》

以下の収支状況（数値はすべて年額で、単位：万円）の不動産について、DCF法を適用する場合、純収益を計算しなさい。

・貸室賃料収入８、０００　・共益費収入１、０００　・水道光熱費収入５００
・駐車場収入１、０００　・その他収入０　・一時金の運用益２００
・プロパティマネジメントフィー２００　・アセットマネジメントフィー５００
・空室等損失５００　・維持管理費６００　・水道光熱費４００
・修繕費４００　・貸倒れ損失０　・テナント募集費用等１００
・公租公課３５０　・損害保険料50　・その他費用０　・資本的支出０

【解答へのアクセス】

項　目	金額（万円）
貸室賃料収入	8,000
共益費収入	1,000
水道光熱費収入	500
駐車場収入	1,000
その他収入	0
空室等損失	△500
貸倒れ損失	0
（計）	10,000
維持管理費	600
水道光熱費	400
修繕費	400
プロパティマネジメントフィー	200
テナント募集費用等	100
公租公課	350
損害保険料	50
その他費用	0
（計）	2,100
運営純収益	7,900
一時金の運用益	200
資本的支出	0
純収益	8,100

鉄則 運営収益＝貸室賃料収入＋共益費収入＋水道光熱費収入＋駐車場収入＋その他収入－空室等損失－貸倒れ損失

国家試験にチャレンジ！⑳（不動産鑑定士試験・2012年）

稼働率90％の一棟事務所ビルを証券化するに当たり、DCF法に関する次の記述のうち、正しいものはどれか。

（1）貸室賃料収入として、価格時点現在入居している全テナントの賃料収入の合計を計上した。

（2）プロパティマネジメントフィーの中にアセットマネジメントフィーが計上されていない場合は、アセットマネジメントフィーを加算してプロパティマネジメントフィーとしなければならない。

（3）礼金、更新料のような返還を要しない一時金の運用益は運用収益としてではなく、一時金の運用益として計上する。

（4）運用純収益と純収益の差額は「一時金の運用益」と「資本的支出」である。

（5）依頼者から入手した対象不動産の収益又は費用の額その他の資料に修正を加えてはならない。

【解答へのアクセス】

（1）× 貸室賃料収入は、**満室を想定**して計上しなければならない。

（2）× アセットマネジメントフィーは含まない。

（3）× 一時金の運用益ではなく、**「その他収入」**として運用収益に計上する。

（4）○ 正しい。

（5）× 修正等を加えることもある。

∴（4）が正解である。

第6章 不動産計算問題

問1〜開発法（不動産鑑定士試験・2011年）

対象不動産は間口100m・奥行102m・規模10、200㎡の大規模な更地（中間画地）で、戸建住宅地として分割し分譲することが最有効使用であると判定した。下記の前提条件をもとに、対象不動産の分割後の宅地の分譲区画数として正しいものは、次のうちどれか。

【前提条件】

・現況幅員4m道路に接するが、開発に当たり6m道路拡張する必要がある。道路の反対側は河川であるため、一方向へのセットバックが必要となり、対象地へ2mセットバックすることになった。

・開発指導要綱によると画地の最低敷地面積は100㎡で、近隣地域内の新築戸建分譲マーケットを考慮の上、各画地の面積を最小に分割することと判断した。
・対象不動産の開発道路面積割合（セットバック面積を含まない）は、セットバック控除後の面積に対して20％
・開発指導要綱により開発に当たって提供する公園とゴミ置き場の合計面積は500㎡

（1）72区画　（2）73区画　（3）74区画　（4）75区画　（5）76区画

【解答へのアクセス】

河川と道路との境界から敷地に向かって6mが道路とみなされるので、

敷地面積：（102m－2m）×100m＝10、000㎡

開発道路面積：10、000㎡×20％＝2、000㎡

宅地分譲面積：10、000㎡－2、000㎡（道路）
－500㎡（公園・ゴミ置き場）
＝7、500㎡

分譲区画数：7、500㎡÷100㎡（最低敷地面積）
＝75区画

∴（4）が正しい。

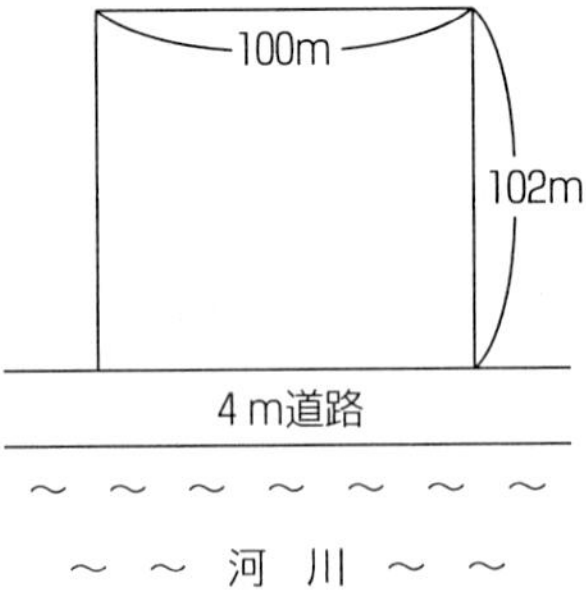

問2～限定価格（不動産鑑定士試験・2007年）

商業地域に存する次の不動産について、A地（更地）との併合利用を目的として、隣接するB地（更地）を買い取ることを想定した場合、B地の買い取り価格の上限価格（円／㎡）として正しいものはどれか。

① A地単独の更地の価格　700、000円／㎡
② 隣接するB地単独の更地の価格　900、000円／㎡
③ A地及びB地を併合利用した場合の一体地の更地価格　1、050、000円／㎡

（1）1、050、000円　（2）1、200、000円　（3）1、250、000円
（4）1、350、000円　（5）1、750、000円

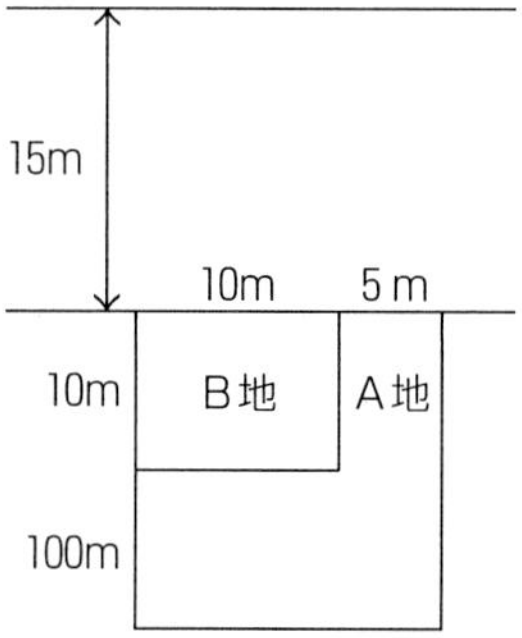

【解答へのアクセス】

① A地単独の更地価格：700、000円／㎡×200㎡＝140、000、000円
② B地単独の更地価格：900、000円／㎡×100㎡＝90、000、000円
③ 併合後の一体地の更地価格：1、050、000円／㎡×300㎡＝315、000、000円

④　買い取り価格の上限：③－①÷100㎡＝1、750、000円で、(5)が正解。

問3～直接還元法（不動産鑑定士試験・2018年）

下記の【前提条件】に従って、直接還元法を適用した場合の収益価格として正しいものはどれか。

【対象不動産の前提条件】
用途：賃貸マンション　賃貸面積：1、000㎡
建物の再調達原価：200、000、000円

【キャッシュフローの前提条件】
月額賃料収入：1、000、000円　空室率：10％　敷金、礼金：なし
維持管理費・水道光熱費・修繕費等の諸経費：年額1、400、000円
テナント入替費用・PMフィー等の諸経費：年額2、000、000円
資本的支出等の諸経費：建物再調達原価の0・2％　還元利回り：10％

(1) 65、000、000円　(2) 67、000、000円
(3) 70、000、000円　(4) 75、000、000円
(5) 82、000、000円

【解答へのアクセス】

総収益：1、000、000円×12カ月＝12、000、000円

総費用：1、400、000円＋2、000、000＋2000、000円

×0.002＋12、000、000円×0.1＝5、000、000円

純収益：12、000、000円－5、000、000円＝7、000、000円

∴ 収益価格：7、000、000円（純収益）÷0.1（還元利回り）

＝70、000、000円で、（3）が正解である。

問4〜実質賃料・支払賃料（不動産鑑定士試験・2006年）

次の対象不動産の月額実質賃料を算出した場合、正しいものはどれか。

〈対象不動産の状況〉

対象不動産：賃貸共同住宅

契約の内容等：平成18年4月契約　2DK　月額支払賃料100、000円

敷金2ヶ月、礼金2ヶ月、償却年数3年

敷金は預り金的性格、礼金は前払的性格の一時金とし、更新料は考慮しない。

運用利回りは2%、年賦償還率（2%・3年）は0・34とする。

（1）100、000円　（2）101、000円　（3）106、000円

（4）110、000円　（5）172、000円

【解答へのアクセス】

鉄則 **実質賃料**

＝支払賃料＋預り金的性格の一時金の運用益（敷金×運用利回り）＋賃料前払的性格の一時金の運用益および償却額（礼金×年賦償還率（元利均等償還率））

・支払賃料：100、000円

・運用益等：（敷金200、000円×0・02＋礼金200、000円×0・34）

÷12ヶ月＝6、000円

・実質賃料：100、000円＋6、000円＝106、000円

∴（3）が正解である。

問5～実質賃料と支払賃料（不動産鑑定士試験・2009年）

下記の対象不動産の新規賃料を試算したところ、月額実質賃料は520,000円と求められた。その場合の月額支払賃料の1㎡当たりの単価として正しいものは、次のうちどれか。なお、平均的なテナントの入替年数は3年とし、更新料は考慮せず、運用利回りは2%、年賦償還率（2%、3年）は、0.34とする。

〈対象不動産の契約概要〉

用　　途：賃貸事務所
契約期間：平成21年8月1日～平成23年7月末日
専有面積：200㎡
敷　　金：月額支払賃料の7か月分（預り金的性格の一時金）
礼　　金：月額支払賃料の1か月分（賃料の前払的性格の一時金）

(1) 2,400円/㎡　(2) 2,500円/㎡　(3) 2,600円/㎡
(4) 2,700円/㎡　(5) 2,800円/㎡

【解答へのアクセス】

問4の公式に当てはめよう。

実質賃料（520,000円）＝支払賃料（X円）＋敷金運用益（X円×7か月×

0・02÷12か月）＋礼金運用益・償却額（X円×1か月×0・34÷12か月）

∴520、000円＝X円＋（X円×0・14÷12）＋（X円×0・34÷12）

∴520、000円＝X円＋（0・14X円＋0・34X円）÷12

∴520、000円＝X円＋0・48X円÷12

∴1・04X円＝520、000円

∴X円＝500、000円

m^2単位では、500、000円÷200m^2＝2、500円／m^2で（2）が正解。

問6〜4つの賃料（不動産鑑定士試験・2007年・一部改題）

宅地の賃料を次の前提条件のもと積算賃料、収益賃料、利回り法による賃料及びスライド法による賃料を求めよ。ただし、各手法における必要諸経費等は同額とする。なお、前提条件の数値は計算作業の簡略化を図るため単純化している。

〈前提条件〉

収益純賃料　2・3億円（年額）　価格時点における基礎価格　100億円

継続賃料利回り　2・0％　直近合意時点の実際実質賃料　1億円（年額）

期待利回り　2・5％　必要諸経費等　1億円（年額）

直近合意時点から価格時点までの間の実際実質賃料の変動率　320％
（必要諸経費等を含む実際実質賃料に即応する適切な変動率）

【解答へのアクセス】

☆公式：積算賃料＝基礎価格×期待利回り＋必要諸経費等
☆公式：収益賃料＝収益純賃料＋必要諸経費等
☆公式：利回り法による賃料＝基礎価格×継続賃料利回り＋必要諸経費等
☆公式：スライド法による賃料＝純賃料（または実際実質賃料）×変動率

・積算賃料：基礎価格100億円×期待利回り2．5％＋必要諸経費等1億円
＝3．5億円
・収益賃料：収益純賃料2．3億円＋必要諸経費等1億円＝3．3億円
・利回り法による賃料：基礎価格100億円×継続賃料利回り2．0％
＋必要諸経費等1億円＝3億円
・スライド法による賃料：実際実質賃料1億円×変動率320％＝3．2億円

問7～スライド法（不動産鑑定士試験・2016年）

継続中の宅地の賃貸借等の契約に基づく賃料を改定する場合の鑑定評価に当たって、下記諸条件が与えられた場合、スライド法による試算賃料として適当なものは、次のうちどれか。なお、支払賃料は実質賃料に等しいものとする。

〔直近合意時点における基礎価格等〕

基礎価格　1億円
土地価格　1・1億円
純賃料（年額）300万円
必要諸経費等（年額）100万円

〔価格時点における基礎価格等〕

基礎価格　1・1億円
土地価格　1・2億円
想定される新規賃料（年額）460万円
必要諸経費等（年額）120万円

〔前提となる変動率等〕

期待利回り　3・0％　継続賃料利回り　2・7％　純賃料の変動率　＋7・0％
地価変動率　＋9・0％

（1）347、500円　（2）356、750円　（3）357、500円
（4）367、500円　（5）372、500円

【解答へのアクセス】

300万円（純賃料）×1・07（変動率）＋120万円（必要諸経費等）＝441万円

月額ベースで、441万円÷12か月＝367,500円で（4）が正解である。

問8〜最有効使用の判定（不動産鑑定士試験・2013年）

下記の建物及びその敷地の最有効使用の判定に際しての検討諸元及び与件に基づき、その最有効使用の判定結果に対応する経済価値として適当なものは、次のうちどれか。

〈建物及びその敷地の最有効使用の判定に際しての検討諸元及び与件〉

（検討諸元）

① 現実の建物の用途等を継続する場合の経済価値　10億円

② 用途変更後における価値上昇分　2億円

③ リニューアル後における価値上昇分　1億円

④ 更地としての価格　12億円

⑤ 用途変更に要する費用　9千万円

⑥ リニューアルに要する費用　5千万円

⑦　用途変更に要する期間中の逸失利益　2千万円
⑧　リニューアルに要する期間中の逸失利益　1千万円
⑨　建物取壊し撤去費用　1億円

（与件）

・建物取壊しの上で更地化、用途変更及びリニューアルのいずれかが本件建物及びその敷地の最有効使用であり、いずれも物理的・法的には実現可能であるが、用途変更とリニューアルとを併せて実施することはできないものとする。

・建物取壊し撤去に要する期間中の逸失利益及び建物取壊しに伴う発生材料価格は認められないものとする。

・上記逸失利益は、各種工事に要する費用は含まれないものとする。

（1）10億円　（2）10億4千万円　（3）10億9千万円　（4）11億円
（5）11億1千万円

【解答へのアクセス】

最有効使用の判定は、不動産鑑定士だけではなく、デベロッパー・大手不動産会社に勤務する宅地建物取引士には、必須知識である。

①　建物取壊し前提の価格：12億円－1億円＝11億円

② 用途変更前提の価格：10億円＋2億円－9千万円－2千万円＝10億9千万円

③ リニューアル前提の価格：10億円＋1億円－5千万円－1千万円＝10億4千万円

建物取壊しを前提とする価格が最も高く評価される。

∴（4）が正解である。

★ 不動産鑑定士試験（短答式）合格を目指されている方へ

不動産鑑定士試験（短答式）は、行政法規100点、鑑定理論100点、計200点満点で合否判定される。合格を目指されている方は、左記の書物をマスターしていただきたい。

『本書』相川眞一著（創成社）の第3〜6章

『不動産に関する行政法規最短合格テキスト』相川眞一著（TAC出版）

これらをマスターし、過去問題を演習すれば、短期間で下記の正答率を達成することが可能となる。

合格ラインは、高いときで140点、低いときで100点と言われている。本書は不動産学の教科書ゆえ下記（2）に多くのページを割くことに限界があった。時間のある方は、**不動産鑑定評価基準をすべて読み込み、より多くの理論問題の過去問題を解いていただければ、より確実に合格**できるであろう。

（1）行政法規の問題（出題数40問）	約70〜75%
（2）鑑定理論の理論問題（出題数約34問）	約50〜55%
（3）鑑定理論の計算・穴埋め問題（出題数約6問）	約80〜85%
合　　計	約60〜65%

第7章 不動産未来論

1．平成時代の検証

「きんは１００歳、ぎんも１００歳」。平成４年、１００歳の愛らしい双子の姉妹、成田きんさんと蟹江ぎんさんが出演するＣＭが大ブームとなった。１００歳以上の高齢者の人数は、平成時代を通じて20倍以上に増加。「人生１００年時代」が現実味を帯びてきた。充実した老後を送るためには、何が必要か。第一に健康、第二に仕事（収入）、第三に「若者をターゲットにしたまちづくり」から「中高年をターゲット

図表７－１　平成時代の社会情勢の変遷（注１）

	平成元年	平成31年
平均寿命（ただし，右側は，平成29年）	75.91歳（男性） 81.77歳（女性）	81.09歳（男性） 87.26歳（女性）
65歳以上の人口	1,493万人 （平成２年）	3,557万人 （平成30年）
100歳以上の人口	3,078人	69,758人 （平成30年）
公示価格最高価格	3,500万円	5,720万円
日経平均株価	38,957円	21,224円
年間総実労働時間	2,031時間（平２）	1,713時間（平28）
喫　煙　率	61.1%（男性） 12.7%（女性）	27.8%（男性） 8.7%（女性）
非正規労働者	800万人	2,100万人

にしたまちづくり」への転換が必要である。

高齢者が、買い物や病院通いに不便な郊外から駅近に移転できるようなまちづくりが必要である。最近、高齢者が車の運転を誤り、死亡事故を起こす事件が増加している。コンパクトシティを達成し街中に暮らせば、買い物や病院通いは歩いてできる。死亡事故が減り、健康にも良い。

東京23区のある区では、老人ホーム不足解消のために、地方の県に老人ホームを建設しているが、「現代の姥捨て山」と言われるおそれがある。

2. 不動産業界盛衰記

かつて29年連続第1位という金字塔を打ち立てたライオンズマンションの大京がベスト

図表7－2　マンション販売戸数ランキング（注2）

	1985年		2001年		2018年	
1	大京観光	10,223	大　京	9,361	住友不動産	7,377
2	リクルートコスモス	2,620	三井不動産	4,978	プレサンスコーポレーション	5,267
3	三井不動産	2,493	住友不動産	4,335	野村不動産	5,224
4	朝日住建	2,260	穴吹工務店	4,270	三菱地所レジデンス	3,614
5	野村不動産	2,085	リクルートコスモス	4,169	三井不動産レジデンシャル	3,198
6	ダイア建設	1,845	大和ハウス工業	3,901	あなぶき興産	2,450
7	藤和不動産	1,783	ダイア建設	3,859	日本エスリード	2,401
8	総合地所	1,664	藤和不動産	3,685	タカラレーベン	1,873
9	丸紅	1,525	野村不動産	3,531	大和ハウス工業	1,627
10	東急不動産	1,298	東急不動産	3,058	新日鉄興和不動産	1,539

テン圏外へ。リクルートコスモスは、親会社リクルートから大和ハウス工業の傘下となり、コスモスイニシアと社名変更した。ダイア建設は倒産。穴吹工務店も倒産して、大京に吸収されて100%子会社として復活した。長男格の穴吹工務店が消えると、次男格のあなぶき興産がベストテン入り。大和団地は親会社の大和ハウス工業に、藤和不動産は三菱地所にそれぞれ吸収合併されて消滅した。不動産業界に限らず、どの業界でも浮き沈みが激しい。

3．不動産学と労働生産性

私は、1985年3月に大学院修了後、4月に新卒でTAC株式会社に就職（当初は、非正規労働者）し、肝臓障害で退職した後、1987年に宅地建物取引主任者資格試験に合格、1988年に宅地建物取引士資格登録、1989年5月にTACに宅建講座講師（非正規労働者）として復帰し、1990年5月にめでたく**正社員に昇格**し、2015年12月末まで25年余、勤務した（その後は、業務委託契約で仕事を続行）。当初、週5日勤務であったが、「教材執筆のために、週1日の在宅勤務を許してほしい」と会社側に頼んだ。直属の上司Sさんと担当役員の副社長K先生（公認会計士）は、「それで労働生産性が向上するのであれば、認めましょう」と快く承諾してくださった。今でこそ、テレワークという勤務形態は少し増えているが、平成の初期にそんなわがままを聞いてくれる企業なんてなかったであろう。

図表7－3　テレワークの種類[注3]

(1) 在宅勤務	自宅で働き，会社とはPC，メール，電話，ファックス等で連絡を取る働き方
(2) モバイルワーク	出先や移動中に，PC，携帯電話等を使う働き方
(3) サテライトオフィス勤務	勤務先以外の場所でPC等を利用した働き方

先見の明豊かな決断力がある上司、器の大きい上司に出会えた私は幸運であった。「K先生、Sさん、本当にありがとうございました」と、今でもただ感謝するのみである。

その後、授業・セミナー・質問コーナー以外は、私の仕事の多くはテレワークのようになり、2016年4月より大阪学院大学経済学部准教授に転職をした今も、授業・セミナー・質問コーナー・教授会以外は、ほとんどテレワークである。「時間管理が大変ではないのか？」とよく言われるが、そんなことはない。私のテレワークは、書籍執筆・エッセイや論文の執筆・作問・学生の答案やレポートの添削等で、**「出来高制」**のため、やらなきゃお金がもらえない。**「少しでも楽をしたい！」**という発想で、労働生産性を向上させてきた。私は、前期試験後期試験合わせて約4，000名分の答案を読むが、意外に楽しんでやっている。また、書籍の執筆は、自宅はもちろん、お気に入りの場所でもする。豊洲魚市場の屋上広場・東京都庁の展望食堂・京王プラザホテルのカフェ・有楽町のマック・横浜海の見える公園・京都祇園のお茶屋さん・神戸メリケンパーク・姫路城…。

テレワークとは、「tele＝離れた所」と「work＝働く」を合

わせた造語で、図表7－3のように分類される。

政府は2020年7月24日を**「テレワーク・デイ」**として、テレワーク促進に力を入れている。テレワークが普及すれば、日本はどう変わるだろう。

朝、駅から急ぎ足のビジネスパーソンが、会社があるビルを目指して大移動する、という光景が消える。

会社仲間が一堂に会する時間が減ると、どんな効果があるか。無駄話が減る、無用な会議が減る、通勤時間が減る、そして、意外に重要なのは、**他人から風邪等の病気をうつされるリスクが激減**（風邪は、職場や電車の中でうつされることが多い！）する、自分や大切な人との時間が増える。そのかわり、仕事は集中力を切らさずにしなければならない厳しさがある。これこそが、真の働き方改革である。わが国は、国民の働き方意識と社会情勢とにミスマッチが少なからず発生し、仕事と私生活との両立が難しい。そこで、**「仕事と生活の調和（ワーク・ライフ・バランス）憲章」**が制定された。(注4)

4．今どきの若者考

2019年5～6月に、全国の若者（1999～2001年生まれを中心に、男女各400名ずつ）を対象に、1．好きな都市・2．行きたい場所・3．食べたいグルメに関してアン

図表7－4　国内都市・場所・グルメランキング

順位	好きな都市		行きたい場所		食べたいグルメ	
1	東　京	553名	ディズニーランド	139名	博多ラーメン（福岡）	36名
2	大　阪	367名	渋　谷	58名	神戸ビーフ（神戸）	22名
3	京　都	250名	横浜元町中華街	43名	抹茶スイーツ（京都）	16名
4	横　浜	210名	みなとみらい	29名	お好み焼き（広島）	15名
5	札　幌	189名	道頓堀	27名	牛タン（仙台）	13名
6	福　岡	165名	スカイツリー	27名	みそラーメン（札幌）	12名
7	神　戸	147名	新宿	25名	たこ焼き（大阪）	11名
8	那　覇	125名	原宿・表参道	25名	中華料理（横浜）	10名
9	広　島	82名	東京駅周辺	22名	手打ちうどん（高松）	7名
10	名古屋	52名	USJ	21名	明太子（福岡）	5名

図表7－5　国外都市ランキング

順位	好きな都市		行きたい場所	
1	パ　リ	156名	エッフェル塔（パリ）	82名
2	ニューヨーク	136名	ビッグベン（ロンドン）	47名
3	シンガポール	115名	自由の女神（ニューヨーク）	36名
4	ロンドン	94名	マーライオン（シンガポール）	35名
5	ロサンゼルス	85名	マリーナベイサンズ（〃）	31名
6	ホノルル	77名	カジノ（ラスベガス）	25名
7	ローマ	72名	グレートバリアリーフ（豪州）	23名
8	ソウル	64名	ノートルダム大聖堂（パリ）	20名
9	バルセロナ	25名	ピサの斜塔（ピサ）	15名
10	ラスベガス	23名	ブルジュ・ハリファ（ドバイ）	11名

ケート調査をした（各3つずつ記載可）。

さて、若者が行きたい国内場所第2位にランクされた渋谷。もともとは、人情味ある商店が立ち並ぶ庶民的な街であった。私の父は、私と異なり身体が大きく柔道の和歌山県大会で優勝し、東京での試合の際には渋谷の馴染みのテーラーに立ち寄っていたそうである。

1964年の東京五輪に向け、渋谷は劇的に都市化した。しかしながら、負の遺産がある。首都高速と国道246号により、**渋谷の街は南北に分断**された（図表7－6）。

JR渋谷駅から私の大好きな**長い坂道の桜並木が続く丘**がある桜丘町へ行くには、しんどい歩道橋を昇降しないと渡れない。そこで、各所にエレベーターを設置し、首都高速と国道の間に空中回廊が建設されつつある。最終的には、桜丘町にも超高層ビルが完成する。このプロジェクトは、都市再生特別措置法に基づく都市計画で、容積率・建蔽率・高さ制限等が緩和される。桜丘町には知人のK子さん宅が所有するビルが数棟あり、この事業により取り壊され新築される巨大ビルのフロアーに移転するという。

図表7－6

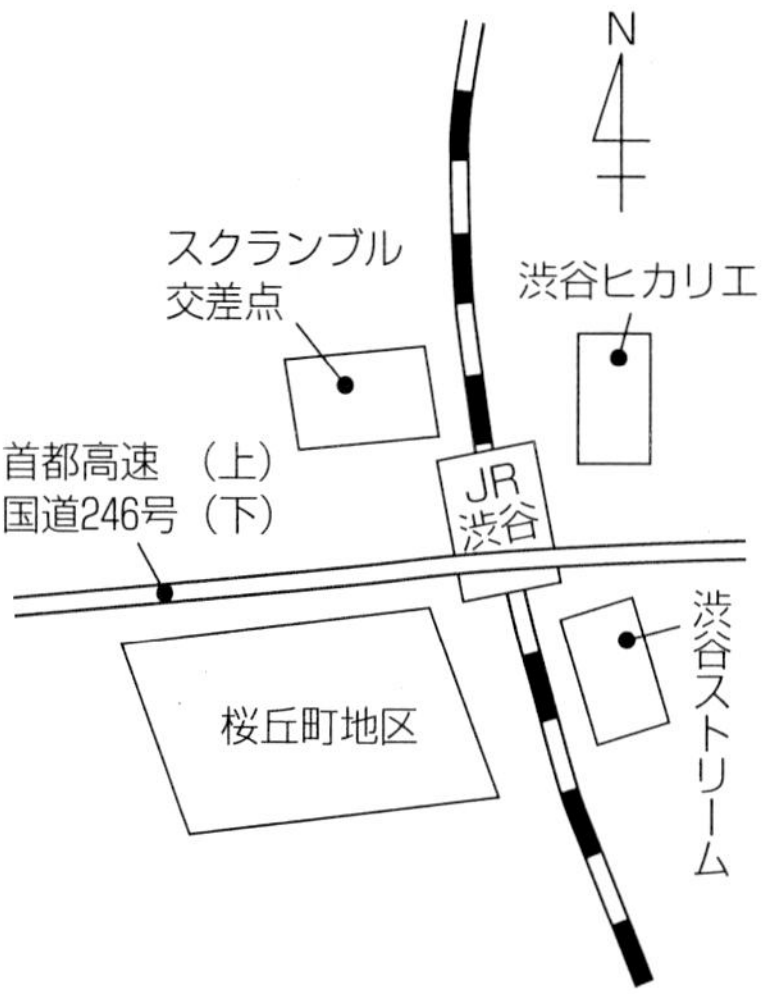

図表7－7　等価交換

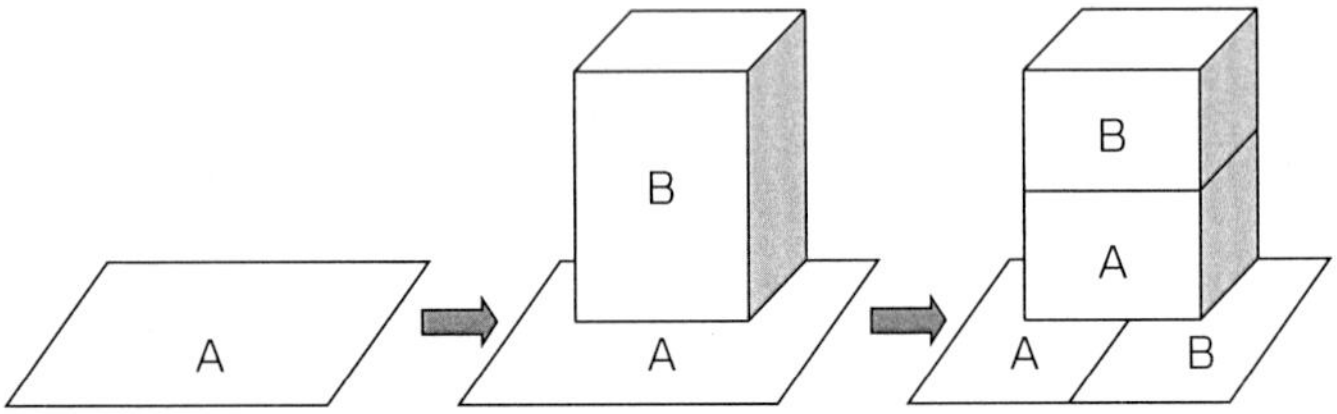

図表7－8　権利変換

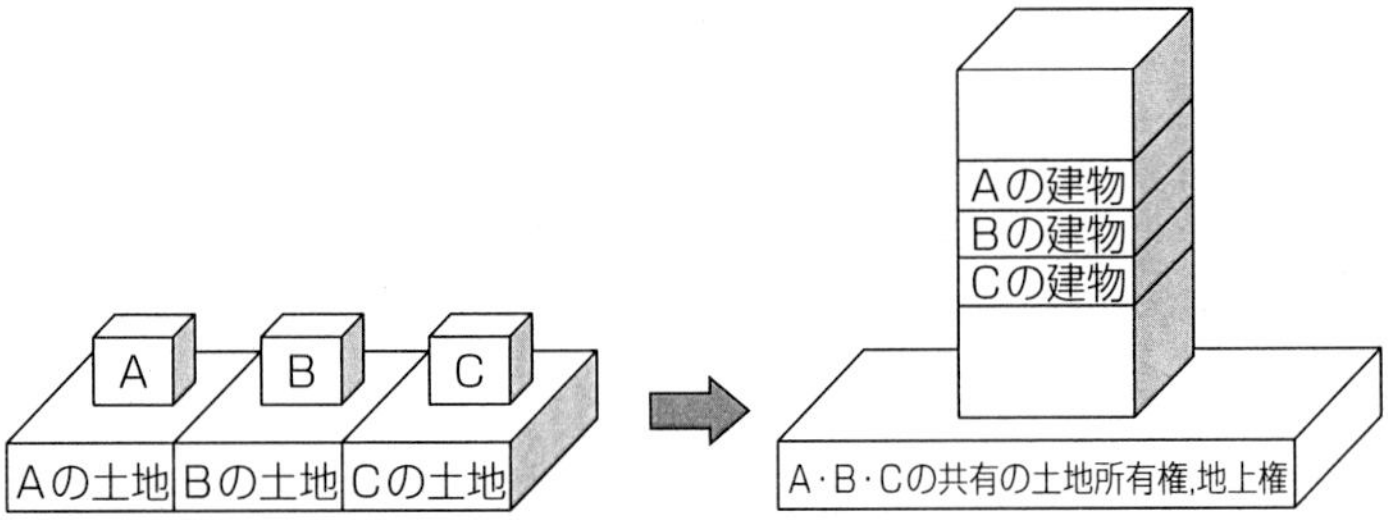

「等価交換や権利変換の手続で苦労しています」とのこと。簡単に言うと、**等価交換**とは、図表7－7のように、Aの土地にBの建物を建てて、お互いに一部分を交換する。もちろん、同じ値打ち分、つまり等価である。**権利変換**とは、図表7－8のように、市街地再開発事業によって「A・B・Cが所有する土地建物の所有権」が「巨大ビルの一部の所有権・敷地の共有持分」に権利が変わることである。

また、五輪の突貫工事のおかげで暗《あん》渠《きょ》にされてしまった童謡「春の小川」のモデルという説がある渋谷川は、一部が暗渠から顔を出し「せせらぎ」を楽しめる街が復活するのである。

5. 2019年から2050年までに起こる不動産関連問題

今後発生するであろう事由を以下のように、列挙する。

《不動産年表》

2019年…天皇皇后両陛下御代替わり
2019年…民法相続編40年ぶりの大改正
2019年…G20大阪サミット
2019年…ラグビーWカップ
2020年…民法債権編120年ぶりの超大改正
2020年…改正健康増進法完全施行
2020年…東京五輪・2020年問題・ナノマシン治療・光免疫療法実用化
2021年…ワールドマスターズゲームズ（WMG）
2022年…2022年問題・成人年齢が20歳から18歳に
2023年…人生100年時代の幕開け…10万人超え（社人研）
2024年…インドが人口世界一となる。
渋沢栄一等新紙幣発行

2025年……大阪万博・水ビジネス急成長・団塊世代が全員75歳以上に
2026年……税理士試験受験者数2万人割れ？
2027年……リニア中央新幹線（東京〜名古屋間）開通
2030年……三菱総合研究所によると、2030年までにAIによって500万人の新たな雇用が創出される一方で、740万人の雇用が奪われる。
2035年……日本の労働人口の49％がAI・ロボットで代替可能となる。
2037年……リニア中央新幹線（東京－大阪間）開通
2040年……所有者不明土地720万haに、死亡者数は168万人に
2048年……南海トラフ（この年までに70〜80％の確率）
2050年……iPS細胞で臓器製造が実用化される？
宇宙エレベーター完成？

……………………………………………………………………………

右記のうち、主たるものについて解説する。

6. 皇室と不動産

1993年より私はTAC不動産鑑定士講座で講師を始め、教材作成に取り掛かった。不動産に関する行政法規という科目の中に国有財産法があり、皇室関係の財産が関係していたため興味を持って調べた。戦前は皇室財政は国家財政と切り離されていたため、皇室には莫大な財産があった。不動産だけを考えても、土地保有面積は長野県に匹敵するといわれた。しかしながら、戦後、**日本国憲法**の施行により財産税が課され、皇室財産のほとんどが国有化されたのである。(注5) 国有財産法では、国有財産を行政財産および普通財産に大別し、行政財産は公用財産、公共用財産、皇室用財産、森林経営用財産に細分化されている。

皇室用財産とは、国において皇室の用に供し、または供するものと決定したものである。代表例は、左記のとおりである。

- 皇居（約115万m²）
- 赤坂御用邸（東宮御所や秋篠宮邸がある所　約51万m²）
- 御料牧場（約252万m²）
- 高輪皇族邸（約2万m²）
- 京都御所（約20万m²）

・修学院離宮（約55万㎡）
・3つの御用邸（葉山・那須・須崎・計約７１０万㎡）等の不動産
・船舶（皇居のお堀で作業する舟）
・地上権（御用邸の一部の道路を一般車両が通行できるようにしている）

二重橋前駅周辺の公示価格は１㎡当たり約２，０００万円であり、皇居の土地だけで約23兆円と概算することができる。

ちなみに、皇居外苑は、公共用財産に該当する。

憲法第88条で「不動産等は国の管理に属する」とされ、国有財産になったのである。天皇皇后両陛下をはじめ皇族の方々のお住まいは、国から借りている借家という形式と考えられる。憲法、国有財産法および皇室経済法は、密接に関係している。

また、昭和から平成への世替わりの際、宮内庁が昭和天皇の遺産を整理し、約４，６００件の宝飾品・美術品が判明した。それらの8割以上が国庫に寄贈され、残りは今上天皇が相続されたとされている。

さらに、**八尺瓊勾玉**（やさかにのまがたま）、**八咫鏡**（やたのかがみ）および**草薙剣**（くさなぎのつるぎ）である。日本の歴代天皇のみが継承することができる、３つの伝説の神宝である**三種の神器**がある。正当皇位継承者にのみ受け渡しされるもので、天皇陛下が崩御されるまたは譲位される際に、剣璽《けんじ》等承継の儀をもって次の天皇陛下に受け継がれる。令和元年（2019年）5月1日にこの儀が行われた。ちなみに、新元号の令和は、5月1日の午前0時にスタートした。三種の神器の本来の意味は、右記のとおりであるが、必需品という意味でも使用される。昭和の時代を劇的に便利にした「冷蔵庫・洗濯機・白黒テレビ」「クーラー・マイカー・カラーテレビ」など。さて、三種の神器は相続税が課されるのであろうか。相続税法第12条によると、

> **第十二条　次に掲げる財産の価格は、相続税の課税価格に算入しない。**
> 一　皇室経済法（昭和二十二年法律第四号）第七条（皇位に伴う由緒ある物）の規定により皇位とともに皇嗣が受けた物

しかしながら、今回は生前退位であり、相続税ではなく贈与税に該当する。議論の結果、結局非課税となった。

三種の神器のうち、私個人としては、1994年の**式年遷宮**(注6)で侍従である**多賀敏行氏**がお持ちになった八尺瓊勾玉への思い入れが強い。

翌1995年、私は阪神大震災で被災し、避難所に来られた天皇皇后両陛下（現「上皇上皇后両陛下」、以下同じ）にお声がけをしていただいた。さらに、21年後の2016年4月1日、大阪学院大学准教授として転職した私は、22年前テレビで観た「伊勢神宮へ八尺瓊勾玉を運ばれる多賀敏行氏（現　大阪学院大学教授）」と出会うことになる。国有財産法（皇

室用財産）の勉強⬇八尺瓊勾玉⬇天皇皇后両陛下⬇多賀教授…と一本の糸のようにつながり、人との出会いの不思議さおよび大切さを痛感している。

7. 喫煙と就活

学校・病院・行政機関等の屋内を完全禁煙とする**改正健康増進法**が、2020年4月に施行される。禁煙の流れを受け、「喫煙者は採用しない」という会社が出始めている。これは、法的に問題はないのか。「憲法第22・29条では、企業の経済活動の自由が定められており、これを論拠とする採用拒否は認められる」（昭和48年12月12日・三菱樹脂事件最高裁判決）。喫煙者を採用しない会社の代表例は**星野リゾート**で、ヘビースモーカーの社員が60歳で亡くなったことを契機として、1994年から開始した。採用しない理由として、「ニコチン切れによる作業効率の低下」、「喫煙スペースの無駄」および「喫煙者の余分な休憩による社員間の不公平感」だという。**奈良県生駒市**では、2018年より、「喫煙後45分間は、市庁舎のエレベーターに乗ることを禁ずる」というルールができ、喫煙者はもちろん非喫煙者をも驚愕させた。喫煙後約45分間は、喫煙者の肺から気管を通じて口から発がん物質を含む息が出ており、受動喫煙で非喫煙者の健康を害する可能性があるという科学的根拠からだという。**長崎大学**では、教職員の就業時間中の喫煙を禁止し、2020年から喫煙者を採用しないことが決定され、さらに、専門医師による禁煙外来を開設する。**ロート製薬**では、「**喫煙者を出走馬に見立てて禁煙できるかを競うダービー**」を実施し、サポーターが票を投じ、卒煙に成功すれば「**オッズに従いサポーターが社員食堂のパンをもらえる**」というイベントで、卒煙者が続出しているという。

損保ジャパン日本興亜ひまわり生命保険では、2020年入社の新卒採用で喫煙者を採用しないことが決定された。大場康弘社長は、「会社が生まれ変わろうとしている以上、禁煙は戦略だ」と語る(注7)。

帝国データバンクが2018年に実施した職場の禁煙施策調査では、22・1%が「全面禁煙」と回答。特に、不動産・金融・サービス業は、30%以上に上った。かつて私がTAC㈱不動産鑑定士試験講座専任講師をしていた頃、鑑定事務所への就活バックアップをしていた。鑑定事務所の所長先生から「喫煙者は採用しません」とよく言われた。しかしながら、不動産鑑定士試験合格者で喫煙者はほとんどいないので、特に問題はなかった。ちなみに、大阪学院大学の2011年〜2018年宅地建物取引士試験在学中合格者の喫煙率は、男子11・4%、女子0・0%で全国平均より低い。なお、東京都では、健康増進法以外に、受動喫煙防止条例が2020年4月に施行されるので、東京五輪・パラリンピックの競技会場では、**屋内屋外ともに喫煙所はない**。国際オリンピック委員会(IOC)は「たばこのない五輪」を推進しているが、大会組織委員会によれば、屋外を含めた全面禁煙は夏季大会では初めてだという。昭和時代には、最高で男子喫煙率が83・7％を記録したが、令和時代は「禁煙が就活の重要な採用要件」になるかもしれない。

8．2019年…G20大阪サミット

メンバー国や招待国の首脳、国際機関等約35の国や機関が参加し、経済分野を主要議題として毎年開催される国際会議である。2019年は日本が議長国となり、大阪のインテックス大阪で開催された。世界中から約3万人の方々が大阪を訪れた。このサミットで目指すものは、左記の通りである。(注8)

（1）国際政治を間近に感じ、国際都市大阪として成長する。
（2）「世界に貢献する、安心・安全な大阪・関西」を世界に発信する。
（3）大阪・関西の経済活性化や都市格向上につなげる。
（4）世界に存在感をアピールし、2025年の国際万博につなげる。

9．民法大改正

民法の相続編は40年ぶりの大改正、債権編も120年ぶりの大改正がなされる。明治29年

から存在する現行民法が時代に合わなくなってきたからであるが、それにしても改正点が多すぎる。ポイントをわかりやすくまとめたい。

2019年1月13日施行（相続編）：

・自筆調書遺言のうち、財産目録はパソコンで作成が可能となった。

2019年7月1日施行（相続編）：

・遺産分割協議前でも故人の預貯金の一部引き出しが可能となった。
・自宅の生前贈与が相続財産の対象外として有利に扱われることになった。
・法定相続人以外の者も介護等の特別寄与料の請求が可能となった。
・遺留分を金で請求することが可能となり、不動産の共有を避けることが可能となった。

2020年4月1日施行（相続編）：

・配偶者居住権および配偶者短期居住権が創設された。

2020年4月1日施行（債権編）：

・瑕疵が廃止され、契約不適合に
・請負契約の責任追及期間の長期化
・短期消滅時効の廃止
・公正証書による保証人の保護制度創設
・定型約款のルール制定

・法定利率の引き下げ
2020年7月10日施行（相続編）‥
・法務局で自筆調書遺言の保管が可能となる。

10．就職氷河期世代救済

1993～2005年頃が就職氷河期とされているが、1999年に改正労働者派遣法が施行され、派遣の対象業務が原則自由化されたことで、企業は正社員の採用をケチり、就職できなかった新卒者は派遣やアルバイトの仕事に就かざるを得なかった。リクルートワークスの調査では、1999～2004年の新卒者の就職率はたった**50％台**、求人倍率は0・99倍しかない。2019年春卒業生求人倍率は1・88倍で、中小企業に限れば、何と**9・91倍**である。就活時には「上の世代の正社員雇用の確保」、昨今の雇用拡大期には「下の世代の正社員雇用の確保」という**雇用の調整弁**のような理不尽な扱いを受けてきた。政府はやっと、2019年6月策定の経済財政運営の指針「骨太方針」に、就職氷河期世代を3年間で集中支援するプランを盛り込んだ。なんと対応が遅い、選挙対策と言われてもしかたがない。そのプランとは、「TACのような資格の学校で国家資格を取得させて、正社員としての転職を官民でバックアップする」ということと推測できる。そういうことは、私自身20年前からやってきたことであり（第2章参照）、何を今さらと思うが、遅いながらも1人でも多くの方々が宅地建物取引士等の国家資格を取られて正社員になっていただきたいと思う。何しろ、中堅クラスの不動産会社は、専任の宅地建物取引士や後継者不足で大変なことになっているのだから。

11. 2020年…東京五輪／2020年問題／ナノマシン治療・光免疫療法実用化

2020年の東京五輪に向け、ビルの建設ラッシュが続いている。そういう状況のもと、2020年にオフィスビルの供給過剰が起こるのではないかと懸念されるのが**2020年問題**である。主たる原因は下記のとおりである。

（1）五輪に向けた都市再開発によるオフィスビル床面積は、約570万m²(注29)（東京ドーム122個分）もある。

（2）五輪後の景気の低下

（3）2020年から始まる東京の人口減少

テレワークの普及で、オフィス需要は縮小する。ただ、私は必ずしも悲観していない。都心の土地は、サテライトオフィス、シェアオフィスの需要が高まるし、富裕層を中心として、高級なマンション、老人ホームおよび納骨堂の需要が今後大きく伸びるであろう。2020年は**「オフィス需要の構造変革」**が始まる。

がん治療の決定打、ナノマシン治療・光免疫療法の実用化がいよいよ開始か。片岡一則東京大学教授によって発明されたもので、抗がん剤を搭載した**ナノマシン（超微細カプセル）**を血液中に流すと、がん細胞とぶつかった時だけ細胞膜に取り込まれ、がん細胞の中に抗がん剤が放出されるというもので、正常な細胞を痛めることなく、ピンポイント治療できるというものである。光免疫療法は、三木谷楽天社長の下、低価格でがん治療が期待される画期的なものである。

12. スポーツ産業活性化

2019年…ラグビーワールドカップ
2020年…東京五輪
2021年…WMG～関西広域8府県4政令市

W杯・五輪・ワールドマスターズゲームズ（WMG）という世界的なスポーツイベントが3年連続で同じ国で開催されることは画期的なことであり、子供たちにスポーツの素晴らしさを体感してもらい、スポーツ産業を成長産業につなげる。

ＷＭＧは、阪神が日本一になり関西が異常な盛り上がりに包まれた１９８５年に、第１回大会がカナダのトロントで開催され、２０２１年の第10回大会はアジア初開催という記念大会である。30歳以上のスポーツ愛好家なら原則として誰でも参加でき、異常な盛り上がりが再び起こることは容易に想像できる。

世界最高水準のスポーツであるラグビーワールドカップ・東京五輪を観て、ＷＭＧに参加する。すなわち、**「観戦型」のスポーツから「参戦型」のスポーツへの流れ**をつくるべきである。

13. ２０２２年：２０２２年問題

東京ドーム２、２００個分の膨大な市街化区域農地が不動産市場に放出され、地価が暴落する。これが「２０２２年・生産緑地問題」である。３大都市圏特定市の市街化区域農地には、生産緑地に指定されている農地がある。生産緑地は、指定後30年間、税制面で優遇を受けられるものの、農業以外に使用できない。この制限が切れるのが２０２２年。以降は生産緑地を宅地に転用できる。行為制限解除を機に、高齢化または後継者不在等の理由で農業廃止をする農家は少なくないであろう。宅地が増加すれば、地価が下落する可能性は高くなる。詳細は、『ゼロからの不動産学講義』（拙著・創成社）を参照してほしい。

また、成人年齢が**20歳**から**18歳**になる。

14. 2025年…大阪万博／水ビジネス急成長／団塊の世代が全員75歳以上に

平成30年および平成31年の地価公示によると、図表7－9および7－10のように、全国の地価上昇率ナンバーワンは、住宅地商業地ともに北海道倶知安町であった。

倶知安町は、近隣に羊蹄山・ニセコ・小樽海岸国定公園等の観光地があり、ホテルや別荘の建設ラッシュで地価が上昇している。しかしながら、一部に目的不明確な外国資本による土地買収が増えつつあるという。その目的とは、ズバリ、「水源確保」。北海道総合政策部計画推進局による「北海道水資源の保全に関する条例」が2012年に制定された。

WHOとユニセフによると、2015年時点で、川等から水を運ぶために毎日30分以上かけている人が約8億4,400万人いるとされ、水ストレスにかかる人が増加しているという。地球の水の量は約13・86億㎦であるが、図表7－11のように淡水は2・5％しかなく、その内訳は氷河等が1・7％、地下水0・8％、河川・湖沼等が0・01％と、私たちがすぐに利用できる水はたった0・01％である。

世界で発生している水資源問題の原因は、「人口増加」、「気候変動」および「水紛争」等であり、ナイル川のように、河川の上流の国がダム等を造り水資源を独占する水紛争が一番

図表７－９　住宅地

	平成30年	上昇率	平成31年	上昇率
1	倶知安町南３条東1－16－9	33.3	倶知安町南字山田83－29	50.0
2	倶知安町南字山田83－29	31.6	倶知安町北７条西4－1－33	32.4
3	倶知安町北７条西4－1－33	25.9	那覇市おもろまち3－6－11	30.0

図表７－10　商業地

	平成30年	上昇率	平成31年	上昇率
1	倶知安町南１条西1－40－1	35.6	倶知安町南１条西1－40－1	58.8
2	大阪市中央区道頓堀1－37	27.5	大阪市中央区1－16－4	44.4
3	京都市南区東九条上殿田町50－2	27.3	大阪市北区茶屋町20－17	44.2

厄介である。

図表７－11 (注10)

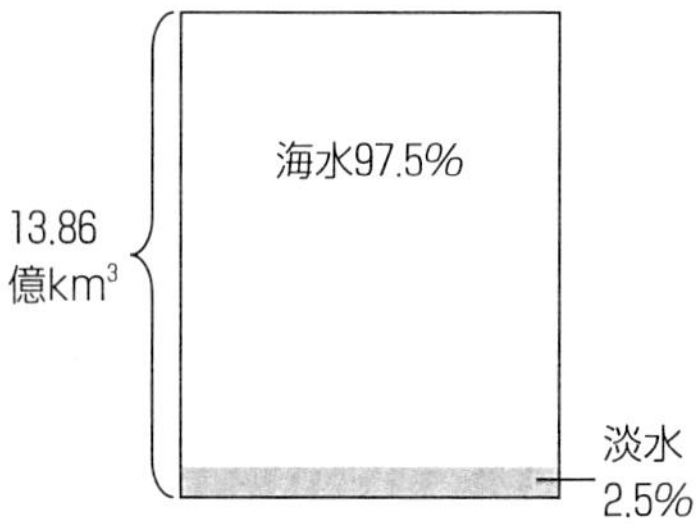

15. 大阪・関西万博

過去に、テクノポリス構想失敗・大阪五輪の誘致失敗で、陸の孤島と呼ばれている舞洲・咲洲・夢洲周辺。三度目の正直である万博で成功するのであろうか。たとえ万博が成功したとしても、負の遺産にならないとは断言できない。シンガポー

写真７－１　建設中の太陽の塔

写真７－２　夢洲と大阪府庁咲洲庁舎

ル・セントーサ島は、IR（統合型リゾート）によりインバウンド客が激増している。2017年の渡航者は1,740万人、観光収入は2兆1,960億円と過去最高を記録した。はたして、夢洲は第二のセントーサ島になれるか？　問題点はいろいろある。交通インフラの未整備・液状化対策・津波高潮対策・賭け事依存症対策はもちろん、長野五輪等で無駄なハコモノを造り、五輪終了後、莫大な維持費がかかっていることを忘れてはならない。前回の万博では、私は待ち切れずに工事中の会場へ写真を撮りに行った（1969年・写真7－1）。そして、今回の万博会場は私の部屋から見える（船が2隻見える辺りが夢洲）ので、50年の時を経て定点撮影を始めた（2019年・写真7－2）。

16．2026年：税理士試験受験者数2万人割れ？

(1) 難関国家試験受験者数はなぜ激減しているのか

第一の理由は、その出題形式にある。そもそも、難関国家試験はなぜ難関なのか？
① 莫大な量の知識・条文・判例等を理解し、必要があれば暗記し、それを駆使して「論述」させる。
② 莫大な量のデータまたは条件を列挙し、それをもとに複雑な「計算問題を短い制限時間内」で解かせる。

図表7－12　主たる国家資格盛衰記（司法試験は新旧試験および予備試験の受験者の合計）(注11)

	2010年受験者数（名）	2018年受験者数（名）	平均年収
宅地建物取引士	186,542	213,914	—
医　師	8,447	9,618	1,232万円
税理士	51,468	30,850	1,042万円
弁護士	35,865	16,374	1,028万円
不動産鑑定士	2,600	1,751	777万円
一級建築士（学科）	38,476	25,878	642万円
社会保険労務士	55,455	38,427	525万円
大和ハウス工業（参考）	—	—	893万円
正社員平均年収（参考）	—	—	503万円

すなわち、**難関といわれる試験ほど、「膨大な量の知識」を「理解・分析」させ、「迅速にアウトプットできる能力」を求める傾向**にある。

よく考えてみてほしい。それらは、20世紀という過去に有効とされた教育であり、いずれも**AIが得意とする作業**である。「AIにさせるべきことを人間にさせ、競わせている」と世間は感じ始めた可能性がある。そして、**21世紀生まれの若者は、「私たちは、そんな面倒くさい作業はAIに任せ、人間にしかできないクリエイティブな勉強や仕事に専念したい」と考える人が増加**しているように感ずる。

第二の理由は、最近の若者は、コストパフォーマンスを重視する傾向にある。いくら社会的評価や平均年収が高くとも、資格取得に青春を犠牲にするほどの莫大な勉強時間を要する（**機会費用**が大きい）難関国家試験は、避けられる傾向が高まりつつあるのではないか。

また、図表7－12を見ると、**「難関国家資格＝高収入＋高社会的評価」**という従来からの勝利の方程式は依然として存在するが、**「大企業＝高収入＋高福利厚生」**という**新・勝利の方程式**が台頭し、若者は徐々に後者支持に傾きつつあるような気がする。

私の受講生の多くは、大学在学中に宅地建物取引士資格試験に合格し、就活・内定・入社となるが、合格祝賀金がS社では20万円、F社では10万円、T社では5万円である。また、私の受講生で一番多く就職しているのが大和ハウス工業であるが、仕事内容等で満足度が高い。さらに、子供が生まれると、1人当たり祝賀金が100万円！（しかも、第一子からもらえる）等の福利厚生が充実している。受講生は私にとって息子・娘同然であるから、非常に感謝をしている。その他の企業でも、総合職でも遠くに転勤しなくていい制度がある会社、語学を生かして海外の最前線で活躍できる制度がある会社、営業だけでなく「まちづくり」の仕事ができる制度がある会社、または、系列の関連会社が多数あるため定年後も再就職の世話をしてくれる制度がある会社…と、バラエティに富んだメリットをもつ会社が増えつつある。

17.

2027年…リニア中央新幹線（東京～名古屋間）開通
2035年…日本の労働人口の49％がＡＩ・ロボットで代替可能となる
2037年…リニア中央新幹線（東京～大阪間）開通
2040年…死亡者数168万人に
…未対策なら所有者不明土地720万haに

大相続時代を象徴する時代となろう。**所有者不明土地問題研究会**（座長：増田寛也元総務相）の推計では、２０１８年時点で所有者不明土地の総面積は約４１０万haに達し（九州より広い）、２０４０年には約７２０万haに達するという。所有者不明ゆえに、公共事業および地域振興の妨げになっているため、特別措置法が２０１９年６月より施行された。また、特別措置法とは別に、政府は相続登記の義務化、土地所有権放棄制度、地籍調査を加速するための国土調査法の改正を予定している。

私は、「**土地基本法の改正**が必要である」と考える。土地基本法に、所有者の責務の規定を設けるべきである。２０１４年の改正で基礎控除が４割も減らされたため、相続税納付金額が約１・４兆円から、２０１６年には約１・９兆円に増加した。２０４０年には、３兆円を超えて４兆円に迫ると予想できる。

図表7－13　相川式・巨大災害の予則

場　所	平安時代	平成～令和時代
宮城県沖	869年　貞観地震（M）	2011年　東日本大震災（M9）
南海トラフ	887年　仁和地震（M） 1707年　宝永地震	2029年 ± 数年？ 令和南海地震（M9？） 死者等：34万人？
富士山	864年　貞観大噴火 1707年　宝永大噴火	2029年 ± 数年？ 令和大噴火

18．2048年：南海トラフ（この年までに70～80％の確率）

経験則1：貞観大噴火⬇5年後⬇貞観地震
経験則2：貞観地震⬇18年後⬇仁和地震
経験則3：宝永地震⬇49日後⬇宝永大噴火
予　測1：東日本大震災⬇18年後
⬇令和南海地震（2029年？）
予　測2：令和南海地震⬇49日後
⬇令和大噴火（2029年？）

東京周辺は、関東ローム層という茶褐色の土が堆積しているが、富士山の火山灰等である。富士山噴火の被害額は、約2・5兆円と予想されている(注12)。

南海トラフ巨大地震というと、関東の方々の多くは関西の話だと思っていているが、そうではない。**日本国民の半数が被災する可能性**があるのだ。一番被害の大きい都道府県は静岡県で、最

図表７－14（注13）

	土木学会の想定	国の想定		
	経済被害	経済被害（１年間）	直接被害	死　者
南海トラフ地震	1,240兆円（20年間）	50.8兆円	169.5兆円	32万人
首都直下地震	731兆円（20年間）	60.1兆円	47.4兆円	2.2万人
大阪湾巨大水害	56兆円（直接被害） 65兆円（経済被害） （14カ月間）	－	－	－
東京湾巨大水害	64兆円（直接被害） 46兆円（経済被害） （14カ月）	－	－	－

悪10万人以上死亡すると言われている（注12）。浜岡原発にもしものことがあれば、関西・中部地方は終わってしまう可能性がある。

土木学会は、２０１８年６月７日、南海トラフ巨大地震後の経済被害額は、最悪の場合、20年間で１、２４０兆円との推計を発表した（注13）（図表７－14）。国が想定する直接被害と合わせると１、４１０兆円となり、２０１８年度の国の一般予算（97兆７千億円）の14年分以上に当たる。一方、事前に減災対策を講じれば、被害額は４割前後減らすことが可能としている。

土木学会は、南海トラフ巨大地震、首都直下地震および巨大水害を国難と位置づけ、阪神大震災からの復興に20年かかったと仮定し、計算した。

汚い話で恐縮だが、阪神大震災発生から２～３日後の便所の話である。水洗便所は、断水のため使用できない。水道水が復旧したのは２カ月余後だから、

図表7－15　人口密度（注14）

	人　口	面　積	人口密度
東京23区	921万人	618.2㎢	約15,000人／㎢
大阪市	268万人	223.0㎢	約12,000人／㎢
神戸市	154万人	552.3㎢	約2,800人／㎢

大変だった。簡易便器などでは間に合わない。私の知人は、家の庭に穴を掘って汚物を埋めたという。別の知人は、夜中に生田川の流れに浸かりながら用を足したという。私には川を汚す勇気がないので、近くの大工場の廃液を流す巨大な下水道の中に、1万円もした超強力懐中電灯を持って入り、用を足した。まさに、命がけである。人口密度が低い神戸だからできたことである。人口密度の異様に高い東京や大阪だと、街中が糞尿だらけになる可能性がある。私は以前に、東京U駅の改札周辺で子供にウンチをさせている外国人旅行客を3回も見たことがある（近くに便所がなく他に方法がなかった）。平常時でさえ、そういう状況である。東京・大阪では、便対策を早急にすべきである。

19. 2050年…iPS細胞で臓器製造が実用化される？…宇宙エレベーター完成、エネルギー問題解決か？

2012年2月20日、㈱大林組は、広報誌『**季刊大林**』53号にて、地球と宇宙をつなぐ10万kmのタワー「**宇宙エレベーター**」建設構想を発表した。

図表7－16

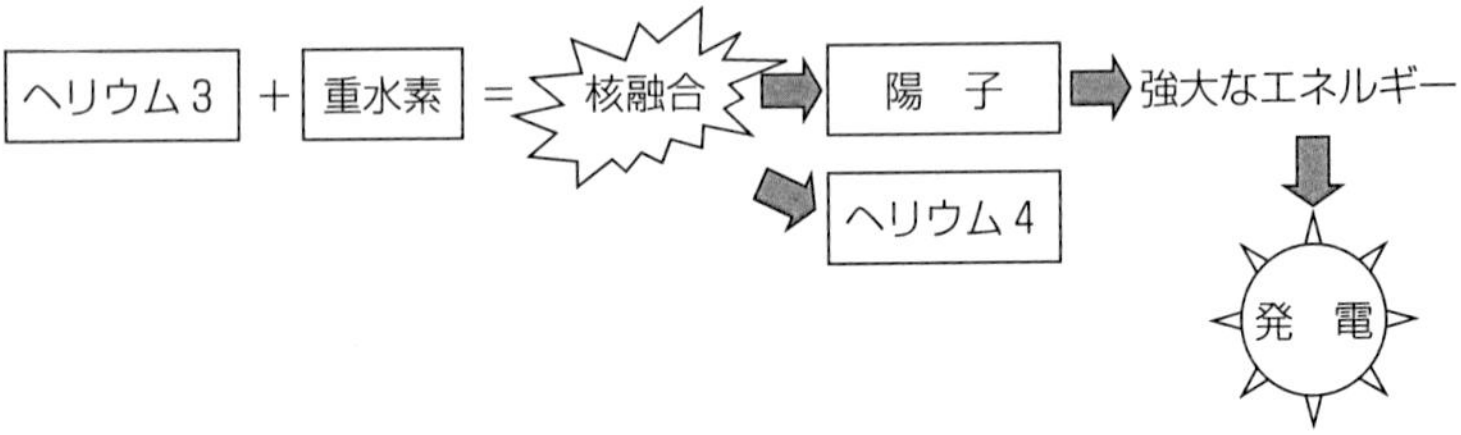

さて、月には、地球上にほとんど存在しない**ヘリウム3**が数十万トンあると推定されている。ヘリウムとは、元素の中で水素の次に軽いもので、風船の中に入っていたり、吸うと声が変化するといった体験は子供の頃のいい思い出である。ヘリウム3は通常のヘリウムとは少し異なり、1万トンあれば、全人類の50～100年分のエネルギーを産出できるとされている。図表7－16のように、ヘリウム3と水素の一種である重水素が1つになる（核融合する）と、ヘリウム4（通常のヘリウム）と陽子になる。核融合は核分裂（原子力）に比し発生エネルギーが大きく、放射能が少ないとされている。ヘリウム3を含むのは、月の砂に含有されるイルメナイトという鉱物である。

原子力発電は地球温暖化解決のために導入されたが、東日本大震災等を契機に世界的に原発縮小に向いている。では、どうすればいいのか？

そこで、月に発電所を建設し、ヘリウム3を使用して発電し、地球に送電すればよい。こういうことを言うと、「ついに、相川は頭がおかしくなったか」と言われそうである。先ほどの宇宙エレベー

図表7－17（注15）

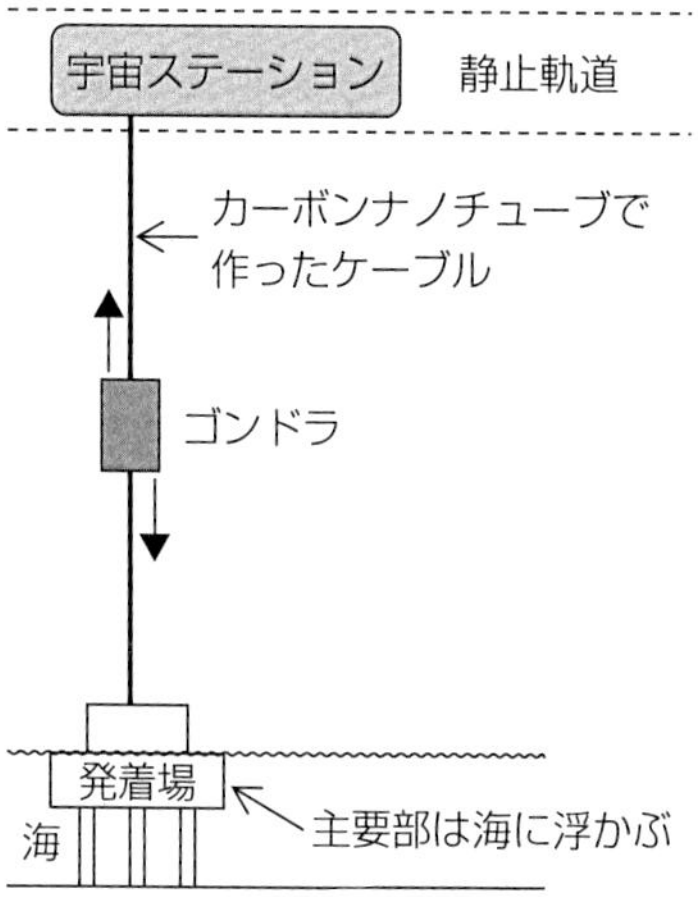

ターは、理論的には、２０５０年に実現可能性があるというから驚きである。

図表7－17のように、宇宙から垂らしたケーブルで物資や人を、「地球⇕宇宙」の間で移動させるという。『楽園の泉』（アーサー・C・クラーク・１９７９年）や『機動戦士ガンダム00』でも登場したSFが実現する可能性がある。

１９９１年に飯島澄男名城大学終身教授によって発見された**カーボンナノチューブ**（carbon nanotube・CNT）は鋼鉄の約20倍の強度があり、静止軌道につくったステーションから垂らしたケーブルを、赤道の海底に固定する。発着場は、１９７５年の沖縄国際海洋博覧会で日本政府が出展したアクロポリス（半潜水型浮遊式海洋構造物）のようなものであろう。

静止軌道は、地球の回転と同様に回転するので、地球から見ると静止しているように見える。宇宙ステーション設置により、月へ行くことが格段に容易、かつ、安価になる。図表7－18のように、横にすると理解しやすい。

ところで、月の土地の所有権者は誰であろうか？　１９６７年に発効した**宇宙条約**では、月の土地を国家が所有することは禁じている（第２条）が、個人所有について規定がなく、

図表7－18（注16）

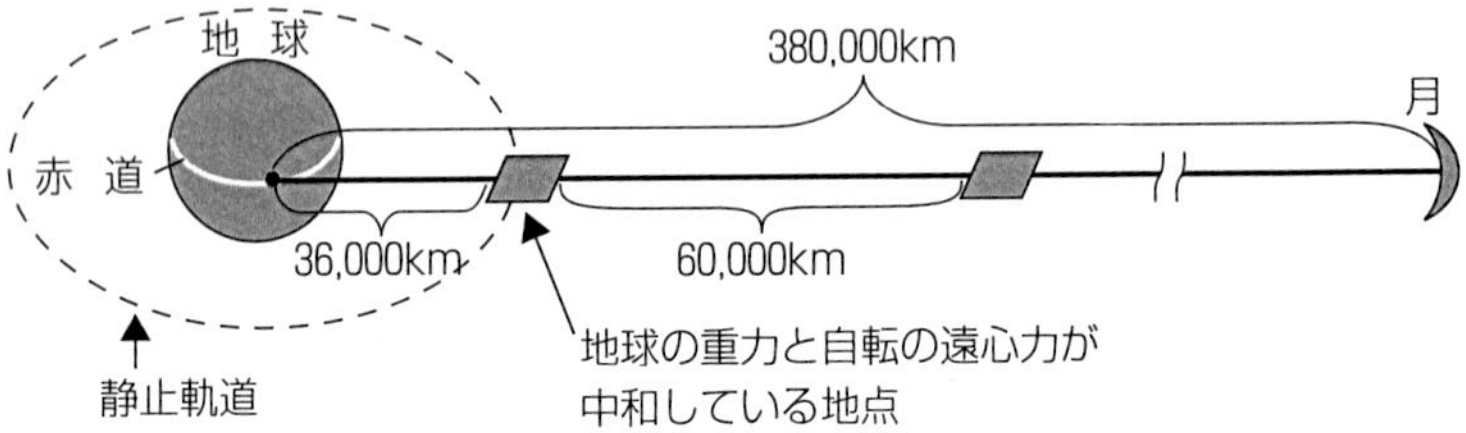

図表7－19　未来の不動産関連年表

2018	(1)	大阪万博決定
2020	(2)	東京オリンピック
2021	(3)	五輪不況で不動産価格下落
2022	(4)	生産緑地が市場に放出され土地価格下落
2025	(5)	大阪万博・団塊の世代全員が後期高齢者に
2026	(6)	人工知能付マンション続々誕生
2030	(7)	不動産価格が現在の40%安に！しかし…
2040	(8)	全国の市町村が半減
2050	(9)	宇宙エレベーター完成（?）

ルナ・エンバシー社（アメリカ）では、月の土地を販売し、権利証を発行する事業をしている。

不動産学の勉強は、社会問題を解決する方法であるとともに、人生におけるロマンを求めるツールでもある。

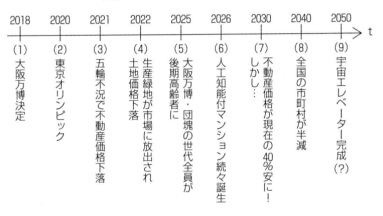

注

（注1）「簡易生命表」（厚生労働省）、「人口統計」（総務省統計局）、「地価公示」（国土交通省）、「データブック国際労働比較2018」（独立行政法人労働政策研究・研修機構）、JT「全国喫煙者率調査」（JT）、「労働調査」（総務省統計局）により、相川が作成。
（注2）「マンション・建売市場」㈱不動産経済研究所）による。
（注3）社団法人日本テレワーク協会による定義である。
（注4）内閣府で策定され、仕事と生活の調和と経済成長の両輪、という記述がある。
（注5）GHQ（連合国軍最高司令官総司令部）が算出した昭和天皇の財産は、約37億円とされている。
（注6）伊勢神宮では、20年に一度、社殿や神宝を新しくし、神様に新しいお宮にお越しいただく行事がなされる。
（注7）各企業のHPによる。
（注8）「G20大阪サミット」の公式チラシによる。
（注9）「東京23区の大規模オフィスビル市場動向調査2018」（森ビル㈱）による。
（注10）「平成15年版日本の水資源」（国土交通省）による。
（注11）「賃金構造基本統計調査」（厚生労働省）、「有価証券報告書」（各企業）による。
（注12）「富士山火山防災協議会」の中間報告による。
（注13）「土木学会」の資料による。
（注14）「2015年国勢調査」より作成。
（注15）「季刊大林53号」㈱大林組）の文章と「沖縄国際海洋博覧会パンフレット」を参考に相川が作成。
（注16）「季刊大林53号」㈱大林組）の文章を参考に相川が作成。

【主要参考文献】

『沖縄国際海洋博覧会パンフレット』沖縄国際海洋博覧会協会（同協会・1970年）
『チャート式地学』力武常次著（数研出版・1977年）
『21世紀への不動産ビジョン』不動産業ビジョン研究会編、建設省監修（ぎょうせい）
『高等教育の将来構想に関する基礎データ』（文部科学省）
『人生100年時代構想会議資料』（内閣官房人生100年時代構想推進室）
『会社四季報2018』（東洋経済新報社）
『地方消滅～東京一極が招く人口急減』増田寛也著（中央公論新社・2014年）
『LIFE・SHIFT―100年時代の人生戦略』リンダ・グラットン、アンドリュー・スコット共著（東洋経済新報社・2016年）
『AI vs. 教科書を読めない子どもたち』新井紀子著（東洋経済新報社・2018年）
『野村の悟り』野村克也著（セブン&アイ出版・2018年）
『風になった日』高橋尚子著（幻冬舎・2003年）
『ゼロからの不動産学講義』相川眞一著（創成社・2018年）
『大辞林（第三版）』（三省堂）
『季刊大林53号』㈱大林組・2012年）

あとがき

２０１9年4月30日をもって天皇陛下は譲位され、翌5月１日に皇太子殿下が第１２６代天皇の御位《みくらい》にお即《つ》きになり、元号《げんごう》が「令和」に改められた。譲位による御代替《みよが》わりは、光格天皇から仁孝天皇への継承以来、約２００年ぶりのことである。

ところで、私はテレビ・冷蔵庫・スマートフォンのない世間とはかけ離れた状態のタワーマンションで、**「電灯・エアコン・ガラケー」が三種の神器**であるミニマリスト的生活（？）を送っている。

しかしながら、職業柄ホテル暮らしが多く、この御代替わりの日も、ホテルで天皇陛下譲位の特番をじっくりと観ることができた。

テレビでは同じ職場の多賀敏行教授が天皇陛下の元侍従ということで、何度も出演されていた。伊勢神宮…三種の神器八尺瓊勾玉をお持ちになった若き日の多賀教授の映像は感慨深く、心を打たれた。

私は、昭和・平成・令和時代と20世紀から21世紀にかけて波瀾万丈の人生を生きてきた。2歳の時は津波（正確には高潮）で流され、５歳の時には交通事故で車に5～６ｍ跳ね飛ばされ、36歳の時には阪神大震災で被災し全財産を失った上に、後頭部を負傷した。絶望のどん底の時、神戸に来られた天皇皇后両陛下にお声がけをしていただいた。国民に寄り添われる両陛下。明治以降で戦争が唯一なかった平成時代の日本。素晴らしい国である。

しかしながら、次の5つの点で、平成時代の日本は大きくつまずき、令和時代への宿題が残された。

《令和時代への宿題の解決の糸口》

- 減災を達成する。➡ 第1・7章
- 労働生産性を向上させる。➡ 第3・7章
- 外貨獲得ができる成長産業を育成する。➡ 第7章
- 年収を安定させる。➡ 第2・7章
- 人口減少・少子高齢化時代のまちづくりを考える。➡ 第7章

本書が将来の不動産問題に関し、わずかでも解決の一助となれば幸いである。

最後に、常日頃より的確なご指導をしてくださった大阪学院大学経済学部教授の鎌苅宏司先生、国際情勢等に関する貴重な知識を伝授してくださった元天皇陛下侍従・外交官であり、

現大阪学院大学外国語学部教授の多賀敏行先生、本書出版に多大なるご尽力をしてくださった創成社の西田徹様、そして、ＰＣが故障しすべて消えてしまった原稿データを全面復旧してくださった業者の方に深く御礼を申し上げます。

相川眞一

重要項目一覧

《著者紹介》
相川眞一（あいかわ・しんいち）

大阪学院大学経済学部准教授。
大学１年次より資格の学校の講師を勤め，今年で41年目を迎える。
2016年４月より，准教授に就任。
専門分野は，「不動産学」「都市経済論」。

2019年９月25日　初版発行
2024年３月25日　二刷発行

略称－令和不動産

令和時代の不動産学講義

著　者　相川眞一
発行者　塚田尚寛

発行所　東京都文京区春日２－13－１　株式会社　創成社

電　話 03（3868）3867　ＦＡＸ 03（5802）6802
出版部 03（3868）3857　ＦＡＸ 03（5802）6801
http://www.books-sosei.com　振　替 00150-9-191261

定価はカバーに表示してあります。

ISBN978-4-7944-3201-8 C3033
Printed in Japan

組版：でーた工房　印刷：亜細亜印刷
製本：宮製本所
落丁・乱丁本はお取り替えいたします。